Walter Jens

# In Sachen Lessing

Vorträge und Essays



Philipp Reclam jun. Stuttgart

*Meinem Sohn Christoph*

Universal-Bibliothek Nr. 7931 [2]

Gesamtherstellung: Reclam, Ditzingen
Printed in Germany 1983
ISBN 3-15-007931-4

# Einleitung

»Die Literaturgeschichte ist die große Morgue, wo jeder seine Toten aufsucht, die er liebt und womit er verwandt ist. Wenn ich da unter so vielen unbedeutenden Leichen den Lessing oder den Herder sehe mit ihren erhabenen Menschengesichtern, dann pocht mir das Herz. Wie dürfte ich vorübergehen, ohne euch flüchtig die blassen Lippen zu küssen«: Sätze aus Heinrich Heines Traktat ›Die romantische Schule‹. Schriftsteller-Sätze, die so oder ähnlich nahezu jeder Autor formulieren könnte. Wer, Hand aufs Herz, hat sich noch nicht in der Morgue gesehen, im Traum, auf der Suche nach Geistesverwandten und, dies vor allem, Wegweisern und Vorbildern unter den toten Poeten, die größer sind als er selbst, *weit* größer? Wer hätte sich nicht schon einmal den idealen Gesprächspartner ausgesucht, im Kreis der Verstorbenen, mit dem sich Geister-Dialoge führen ließen?

*Mein idealer Hausgast:* eine Lieblingsunterhaltung von Schriftstellern, ein nie endendes Gesellschaftsspiel – *wen würdest Du einladen und wen Du, und warum*? Da werden Vorzüge der Toten in helles Licht gestellt, minder schöne Eigenschaften hingegen vertuscht oder verharmlost, da streicht man den eigenen (oder *die* natürlich, der Gast kann schließlich auch eine Frau sein) nach Kräften heraus und sucht den vom Partner Erwählten madig zu machen; da gibt es Rücktritte, *gut, Du hast mich überzeugt, meine Wahl war in der Tat unüberlegt*; da kommen Frontwechsel vor: *Dein Partner ist am Ende auch meiner*; da gibt es Gruppen-Einladungen, die eine Party besonderer Art versprechen, eine hitzige Toten-Debatte nach Art der Swiftschen ›The Battle of Books‹, bei der die Lebenden zuhören.

Wie immer auch bei solchen Debatten, mit Wolfgang Hildesheimer in Poschiavo zum Beispiel, das Hin und Her abläuft – was *mich* betrifft, steht die Entscheidung fest: Ich

würde als ersten Toten in der Morgue, nicht anders als der Verfasser der ›Romantischen Schule‹, Lessing aufsuchen; *er* wäre der Hausgast, den ich unter tausend anderen auswählte. Nicht Goethe, der im Gespräch wahrscheinlich sehr viel langweiliger war als manches Zeugnis zu beweisen scheint – mit vielen *hms* und *ja* und *ach Gott* sich über den Unterschied zwischen Köstritzer und Oberweimarer Bieren ergehend. Nicht Schiller in seiner hochfahrenden Unnahbarkeit und dem schwäbischen Alleweil-unter-den-Sternen-Sein – Schiller, den man wie Heinrich Voß erleben müßte, »auf jenem Stuhl, der oft auch für Könige bedeutender wird als der Thron«, dem Kackstuhl also: Da zumindest war er nicht mehr der Olympier, sondern Fritz Schiller aus Marbach, mit seinen Witzen über Cato, der vom Nachtgeschirr aus Audienzen zu erteilen liebte.
Nicht Goethe, nicht Schiller, auch nicht Heine: der, fürchte ich, würde am Ende nur von sich selbst erzählen, würde Räder schlagen und die Künste spielen lassen, die flüchtigbunten; Fontänen stiegen auf, die Wasser rauschten und die Himmel sendeten zierliche Blitze... aber ein ernstes Gespräch? Nein, das gäbe es nicht trotz aller großen Geständnisse, die dann in Nebensätzen wieder revoziert würden. Also auch Heine nicht.
Aber Fontane – wie wär's mit dem? Keiner lieber als er: nur – Konversation triebe er nicht, der große Causeur und Meister der unterhaltlichen Rede; dafür war er, wie man weiß, zu neugierig, hörte, im Unterschied zum großen und ach so traurigen Zampano Heine, lieber zu als selbst das Wort zu ergreifen. Fontane: wegen Moltkescher Schweigelust in Gesellschaft – von der Liste gestrichen!
Bliebe also Lessing – und das gewiß nicht wegen äußerlicher Affinitionen, dem nach ihm benannten Preis, der nach ihm benannten Professur, die den Nachfahrn in ein hier ernst, dort spöttisch zitiertes Bezugsverhältnis zum Ahnherrn der Aufklärung setzten.
Nein, Lessing – nur so. Lessing, der Meister vieler Formen,

dem, in der Form einer *hommage*, in diesem Band vier Reden, ein Essay, ein imaginärer Dialog und zwei Interpretationen gelten. Bemühungen in seinen Spuren und auf seinen Wegen: Die Rede über den Rhetor wurde in Hamburg, die Ansprache über den Theatermann und Theologen in Hamburg und Braunschweig, die Vorlesung über den Philologen in Wolfenbüttel und die Nathan-Evokation, das Verhältnis von Deutschen und Juden betreffend, in der Berliner Lessing-Akademie und der Leipziger Karl-Marx-Universität gehalten. Huldigungen, allesamt, für einen Mann, der zugleich Rhetor und Publizist, Philologe und Theatermann, Altertumskenner und Gelehrter auf theologischem Feld, Poet und Archivar war – und dabei, was immer er tat, der neben Lichtenberg witzigste Kopf in der deutschen Literatur. Ich bin sicher, daß *er* in der Morgue neben Spinoza und Lawrence Sterne als ersten Martial aufgesucht hätte, das große Vorbild seiner bis zum heutigen Tag viel zu wenig gewürdigten epigrammatischen Dichtung.

Als Fell, der Geiferer, auf dumpfes Heu sich streckte,
Stach ihn ein Skorpion. Was meint ihr, daß geschah!
Fell starb am Stich? Ei ja doch, ja!
Der Skorpion verreckte.

Kein Zweifel, das ist römischer Witz, lateinische Eleganz; da wirbelt einer, wo andere mit dem Degen hantieren, mit seinem Florett – wirbelt und trifft! Entsetzlich muß das gewesen sein, damals im 18. Jahrhundert, von diesem Mann auf die Klinge genommen zu werden: Es gehörte schon die dumpfe Schlichtheit eines Lange oder Dusch oder Klotz dazu, um sich nicht für alle Zeiten erledigt zu fühlen; die Dumpfheit *oder* die Humanität und unantastbare Noblesse, wie sie Wieland an den Tag legte, dem zwei der schlimmsten und nur zum Teil berechtigten Attacken Lessings galten. Nein, gerecht war er nicht – im Hinblick auf Gottsched zum Beispiel –, besonnen schon gar nicht, dafür alleweil keck an der Tête und bereit, Konsequenzen zu ziehen. Wehleidigkeit, Selbstmitleid, Gekränktsein wie's in Weimar üblich war? Keine Rede davon. Autoritär, im Stil der Xenien, regierte Lessing nie. In seinem Geisterreich ging's demokratisch zu – und, bei Gott, er hätte die Wirklichkeit gern dementsprechend verwandelt, die Fürsten zu Bürgern (und umgekehrt), die Christen zu Juden (und umgekehrt), kurz, jedermann zu jedermanns Partner gemacht – Fürst und Bürger und Bauer und Jude und Christ und Muselman und, dies vor allem, Mann und Frau als ranggleiche Bewohner einer Lessingschen Republik.

Und statt dessen nun: ein Leben in Berlin, dem Zentrum des »sklavischsten Landes in Europa«, in Hamburg, wo »keine Notiz« von ihm zu nehmen war, und in Braunschweig oder Wolfenbüttel, wo man ihn als Domestiken hielt und der Zensur unterwarf. Lessing, ein Schriftsteller, dessen ›Emilia Galotti‹ – ausgerechnet dieses Stück! – der Verschönerung eines höfischen Fests galt, man feierte den Geburtstag der »gnädigsten Landesmutter«: Poeten-Los im 18. Jahrhundert – ein Los übrigens, das Lessing sehr genau reflektiert hat. Er *wußte*, zu welchem Behuf man sich seiner bediente, im Kreis der Großen. »Als des Aesopus Löwe«, heißt es in einer dem Phaedrus nacherzählten Fabel, »mit dem Esel, der ihm durch seine fürchterliche Stimme die Tiere sollte jagen helfen, nach dem Walde ging, rief ihm eine naseweise Krähe von dem Baume zu: Ein schöner Gesellschafter! Schämst du dich nicht, mit einem Esel zu gehen? – Wen ich brauchen kann, versetzte der Löwe, dem kann ich ja wohl meine Seite gönnen. So denken die Großen alle, wenn sie einen Niedrigen ihrer Gemeinschaft würdigen.«

Ja, Lessing kannte die Situation des Schriftstellers im territorialstaatlichen Deutschland zur Genüge und bedachte die ihm gesetzten Grenzen genau. Er wußte, wie wenig offen, wieviel mehr verhüllt, in der Sklavensprache, und wieviel, abermals mehr, *überhaupt* nicht gesagt werden konnte, unter dem Regiment von Hof und Kirche. So betrachtet, ist

sein Werk der Versuch einer lebenslangen Grenzüberschreitung: Versuch eines Mannes, der das Idealbild eines Einzelkämpfers war – listig, trickreich, entschlossen, die Bataille gegen übermächtige Gegner aus der Verteidigungsposition heraus zu riskieren: niemals en face angreifend, sondern, scheinbar beiläufig, eher flanierend als marschierend, jene Kleinigkeiten ins Blickfeld rückend, deren exemplarische Bedeutung – Stellenwert und verräterische Signifikanz! – der Gegner unterschätzte... und das um so mehr, als Lessing es liebte, sich klein zu machen und den Widersacher zu vorschneller Unterschätzung einzuladen. »Die Aufsätze«, heißt es in der Vorrede zum ›Laokoon‹, »sind zufälliger Weise entstanden und mehr nach der Folge meiner Lektüre als durch die methodische Entwicklung allgemeiner Grundsätze angewachsen.« *So* spricht ein Autor ausgerechnet über jenes Werk, das in »Schlüssen«, in »Herleitung aus ersten Gründen«, in »trockenen Schlußketten« mündet!
Aber es war nun einmal Lessings Manier, in flüchtigen Publikationen, kleinen für den Tag und die Stunde geschriebenen Papieren von bescheidenem Umfang, aus Aperçus über Gott und die Welt geheime »Summen« zu machen: Shakespeare und die Franzosen; Prinzipien der aristotelischen Poetik und deren Weiterentwicklung; barocke und klassische Ausdrucksweise auf dem Theater; Schriftsteller, Dramaturg, Schauspieler und Publikum: Darstellung eines Bezugsverhältnisses – Grundsatzprobleme, eingestreut in Tageskritiken und als Konterbande unter die Leute gebracht! Und immer im Plauderton, immer konkret und voll Witz. Mit Lessing heute ins Theater zu gehen – welch ein Spaß wäre das! Wie würde er, dieser immer auf handwerkliche Exaktheit und technische Perfektion sehende Praktiker, Machart und Interpretationsmöglichkeit von zeitgenössischen Stücken analysieren können! Und wie ergiebig, mit ihm, diesem Schriftsteller, der am intensivsten unter allen Poeten über Stilfragen nachgedacht hat, Probleme der kombinatorischen, alles mit allem in Bezug setzenden Stoff-

Darbietung zu erörtern: »Sie fangen auch an zu glauben«, heißt es im Dialog ›Das Testament Johannis‹, »nur immer auf Umstände anzuspielen, die unter hundert Lesern nicht einem bekannt sind.«
Gespräche mit Lessing: Da ginge es um Kardinalfragen des *poeta doctus* einst und jetzt: Wie vereinige ich das Bestreben, eine *all pervadingness* zu erreichen, ein Maximum von Bezugs-Herstellungen also, mit dem Willen, mich einer möglichst großen Zahl von Lesern verständlich zu machen? Und was den Stil angeht, wie kommt das zusammen: rhetorisches Virtuosen-Spiel mit Parallelismen und Anti-Thesen *und* unterhaltlicher *small talk*? So vielleicht: »Ich ging spazieren; ich spielte; ich besuchte Gesellschaften; ich machte Bekanntschaften mit Frauenzimmern«? Oder so: »Das Glück des heutigen Tages weckte mich so früh; der Morgen war so schön; der Weg ist so kurz«? Ob dererlei nicht allzu artifiziell, zu rhetorisch sei, würde ich von Lessing wissen wollen, um als Umgangssprache durchgehen zu können, oder ob, im Gegenteil, das mit höchster Rationalität Auskalkulierte möglicherweise geradezu salopp klinge, das Fehlerlose – fehlerhaft? Der Kunst-Dialog als Ausdruck von Natürlichkeit – einer vermittels von Verstandesanstrengung wiedergefundenen? Es wäre wichtig – nicht nur für mich –, gerade in diesem Punkt Lessings Ansicht kennenzulernen: die Ansicht eines Mannes, der, Poet (im Sinne von »Macher«) und aufs Technische sehender Kunstrichter, der er war, bei den Tagungen der Gruppe 47 die erste Geige gespielt haben würde, unter den Lebenden und auch unter den Toten – allen Kerrs der Welt weit voran!
Seltsam zu denken. Schiller oder Heine – mitten unter uns: Das ist undenkbar. Lessing hingegen, der älteste unserer Klassiker – der könnte unschwer unser Zeitgenosse sein. Der paßte ins Bild, mit seinem Witz und seiner Polemik: »Freuen Sie sich mit mir! Herr Wieland hat die aetherischen Sphären verlassen, und wandelt wieder unter Menschenkindern«: Ja, ich höre ihn reden, höre ihn lesen aus »Lustspie-

len, die zum Weinen und aus Trauerspielen, die zum Lachen bewegen«, höre ihn diskutieren über knifflige Fragen syntaktischer und semantischer Art, in Saulgau oder Sigtuna, auf einer Tagung der Gruppe 47.
Zeitgenosse Lessing, willkommen bei uns: das Beiliegende, »unordentliche Collectanea zu einem Buche«, wie Sie zu sagen pflegten, eher »als ein Buch«, will als Ausdruck von Bewunderung und Respekt vor dem Meister unserer, der Poeten, Gelehrten und Kunstrichter, Zunft verstanden sein.

*W. J.*

# Feldzüge eines Redners

Was immer er war: Antiquar und Philologe; Kritiker und Pamphletist; Sammler und Dramenschreiber; Theologe, Lyriker und Bibliothekar – zuerst war er Redner; ein Komödiant auf der Rostra und ein Prediger auf den Brettern der Welt; ein Mann, dem es selbstverständlich war, daß die französischen Kanzelredner, Bossuet und Bourdaloue, von den Schauspielern lernten und die Lustspielschreiber auch in der Kirche ihren Mann stehen könnten. Für Johann Melchior Goeze, Lessings orthodoxen Hamburger Widersacher, war das gewiß eine Vorstellung, peinlich zu denken; für Luther, den Terenz-Bewunderer, hingegen und erst recht für Melanchthon – die selbstverständlichste Sache der Welt. Zugleich ein Komödiant und ein Pfarrer zu sein: das hatte, unter dem Aspekt der Lebenswahrheit und heiter-moralischen Lehre, für die Verfechter des humanistischen Schultheaters nichts Befremdliches. Lessing setzt nur eine alte protestantische Tradition fort und ist durch Luther gedeckt, wenn er schreibt: »Wer zweifelt wohl, daß Molière und Shakespeare vortreffliche Predigten gemacht hätten, wenn sie anstatt des Theaters die Kanzel hätten besteigen wollen?«

Dem Pfarrerssohn aus Kamenz jedenfalls machte es nicht die geringsten Schwierigkeiten, sich einmal als räsonierender Lustspieldichter zu bestätigen, um sich ein anderes Mal – dann, wenn er des Theatertreibens überdrüssig war – am hohen Witz der Streitschrift und dem komischen Szenarium seiner Brief-Polemiken zu ergötzen. Hinüber und herüber, von der elften zur zwölften Streitschrift gegen den Hauptpastor Goeze, dem *Werk der Polemik* ›Nathan der Weise‹, war nur ein winziger Schritt; unterrichtet, erfreut und belehrt werden mußte, der dreifachen Verpflichtung des Redners entsprechend, hüben wie drüben; der Autor brauchte, beim Grenzübertritt, nur den Tonfall ein wenig zu ändern ... und gelegentlich noch nicht einmal das.

»Aber das ist ja grundfalsch!« beginnt, im Lessingschen Schulmeisterton, das 77. Stück der ›Hamburgischen Dramaturgie‹ – und das, fürwahr, ist ganz aus Major Tellheims Herzen gesprochen, der auch mit einem »Falsch! Grundfalsch!« sein Gegenüber, in diesem Falle das Fräulein von Barnhelm, zur Raison bringen möchte. Mag auf der Bühne das Spiel, in der Polemik die Lehre vorherrschend sein: logisches Operieren und dialektisches Raffinement, ein Wirbel des »allerdings« und des »zwar«, des »einerseits – andererseits« beherrscht in der gleichen Weise die Stücke wie die theoretischen Schriften, die wie die Traktate und Briefe dialogisch-dramatisch durchsetzt sind. Da gibt es ein Zwiegespräch zwischen Corneille und Aristoteles, da schalten sich Zuhörer ein, da beginnen Parteien in direkter Rede ihre Standpunkte zu analysieren, da verwandeln sich Absätze gelehrter Dispute plötzlich in Komödienszenen, dem erschöpften Gegner wird ein Glas Wasser gereicht, und wenn dann der Superintendent Johannes Heinrich Ress nicht mehr ein noch aus weiß, sondern, unfähig, den Kamenzer Höhenflügen länger zu folgen, selig einzuschlummern beginnt und erst durch das Argumenten-Getöse des sich über ihn beugenden Lessing wieder erweckt wird, dann sieht sich der Leser vollends aus der Wolfenbüttler Studierstube in die Terenzsche Arena versetzt: »Erwachen Sie doch,

Nachbar ... ich schüttle Sie und frage: Wußte Markus den Umstand, den er überging ... oder wußte er ihn nicht? Schlafen Sie mir nicht wieder ein! Ha, Sie machen große Augen? O Zeter! Der Mann ist schon wieder eingeschlafen!«

Ist das noch eine Streitschrift oder ist das ein komisch-gelehrter Bühnen-Disput? Die Übergänge sind fließend; auch der von Lessing so geliebte Dialog in platonischer Weise kann, wie die Freimaurer-Gespräche beweisen, beiläufig und nebensächlich wie eine Lustspiel-Ouvertüre einsetzen ... und was den berühmten Kanzel-Dialog angeht, in dem Lessing die Rede des Herrn Hauptpastors unentwegt unterbricht, ohne daß der Prediger sich stören läßt, so hat auch dieser Dialog sein Bühnen-Pendant in dem Gespräch zwischen dem Tempelherrn und dem Patriarchen im ›Nathan‹. Hier, in der Kampfschrift für den Augenblick, ein Theater-Disput; dort, auf den Brettern, ein Grundsatz-Gespräch: die rednerische Technik ist gleich; die attackierten Gegner sind gleich – Eiferer, die mit der Fähigkeit, auf die Argumente ihrer Partner einzugehen, die Menschlichkeit eingebüßt haben –, und auch die verfolgten Ziele sind gleich: Im Kanzel-Dialog und in den Patriarchen-Gesprächen hat Lessing – Dogmatiker angreifend, die sich nur noch durch nackte Gewalt helfen können: durch Zensur und Verbrennung – die Grenze markiert, hinter der das Reich der Monologe führenden Barbaren beginnt, ein Feld, auf dem nicht mehr gestritten, sondern angeordnet und ausgeführt wird: »Tut nichts, der Jude wird verbrannt.«

Wenn der Partner sich taub stellt, ist kein Gespräch mehr möglich: das zu zeigen, ist die Absicht der ›Dialoge und Nicht-Dialoge‹ genannten Disputationen, die durch

Starrheit und jähes Ende von jenen Riesen-Debatten, den Brief-Polemiken, zu unterscheiden sind, die sich, wie Bruno Markwardt eindringlich gezeigt hat, über Hunderte von Seiten erstrecken und dennoch sorgfältig beachteten Spielregeln folgen: Zu Beginn die Bestimmung des Kampffelds und, je nach der Größe des Gegners, die Waffenwahl, dann die Bezeichnung der Ausgangslage, dann der blitzschnell ausgeführte erste Zug: »Poltern Sie doch nicht so, Herr Pastor!« – wobei zu bemerken ist, daß Lessing stets mit schwarzen Steinen spielt: aus der Defensive und, wie Sokrates, oft aus der schwächeren Position heraus argumentierend –, dann, Zug für Zug, die Repliken auf die Argumente des Gegners, dann das Fallenstellen, die Kommentierung und Berichtigung feindlicher Operationen – »Hier könnte Herr Diderot sagen«, »An diesem Punkt hätte Herr Klotz antworten müssen« –, dann das Anbieten von Siegen, die sich nur allzu schnell als gefährliche Scheintriumphe erweisen, und endlich, wenn der Gegner nicht mehr weiter weiß und Lessing ihm aufhelfen muß, die Ersetzung des Zweikampfs durch ein Rede-Duell in der eigenen Brust, ein Lessing contra Lessing geführtes Schachspiel gegen sich selbst. Das alles ist platonische Manier: In Athen und in Wolfenbüttel liebte man es, zwischen disponiertem Gespräch und legerer Plauderei abzuwechseln – »rede ich nicht schon wieder mit jemandem anderen?« – und den Gegner eine Weile lang zappeln zu lassen, ehe man dem in ausweglose Aporien Verwickelten den Gnadenstoß gab. Hier wie dort geht man von einer Winzigkeit, einer Partikel, einer Wort-Nuance aus, um dann, weiterschreitend von Stufe zu Stufe, die bedeutsamsten Konsequenzen zu ziehen. Der

Traktat ›Wie die Alten den Tod gebildet‹ basiert auf der diffizilen Bedeutungs-Analyse eines griechischen Partizips – und wird am Ende zu einer Untersuchung über den Unterschied zwischen antiker und christlicher Religiosität – einer These, die von Schiller bis Nietzsche die Geister bewegte.

Wie bei Sokrates führt auch in Lessings Fall das Kleinste sehr bald zum Größten: Am Beispiel einer Ohrfeige, am Beispiel des Unterschieds zwischen langen Nägeln und triefenden Nasen werden am Gänsemarkt – in spielerischer Spaziergänger-Art – die revolutionärsten Theoreme entwickelt; der das Jahrhundert bewegende Streit zwischen Aufklärung und Orthodoxie gewinnt im Goeze-Kampf seine Kontur durch die scheinbar harmlose Frage, ob die Verben »sein« und »bedeuten« Synonyma seien. Ein akademisches Problem, könnte man meinen, doch Lessing hat darüber anders gedacht – und Goeze bekam das zu spüren.

»Aber lieber Herr Pastor! ... Ist denn sein und enthalten einerlei? Sind es denn ganz identische Sätze: Die Bibel enthält die Religion; und die Bibel ist die Religion? Man wird mir doch nimmermehr in Hamburg den ganzen Unterschied zwischen Brutto und Netto wollen streitig machen? Da, wo so viele Waren ihre bestimmte Tara haben, wollte man mir auf die heilige Schrift, eine so kostbare Ware, nicht auch eine kleine Tara zu gut tun?«

In der Tat, hier zeigt sich jener Scharfsinn und Wortwitz, eine an epigrammatischer Zuspitzung erprobte »agudeza« (wie Lessings geliebte Spanier sagten), dem der Hamburger und Wolfenbüttelsche Redner den Glanz seiner Plädoyers und Invektiven verdankt. Ob auf der

Rostra oder der Bühne: Immer wird Gerichtstag gehalten, angegriffen, verteidigt, geurteilt; immer fragt man aus, repliziert und treibt in die Enge; wenn irgendwo, so wird bei Lessing die Herkunft der Rhetorik aus der Gerichtsrede deutlich: denn seine Szenen sind zuallererst forensischer Natur – »Da steht er, mein unbarmherziger Ankläger«, heißt es von Goeze, »und wiehert Blut und Verdammung« –, die Anwälte führen ihre Glanzstücke vor; Advokaten und Fürsprecher halten die niederträchtigsten Plädoyers; Zugereiste und Komplizen – das Fräulein von Barnhelm und, in der ›Emilia Galotti‹, der Mitverschworene Pirro – werden inquisitorisch verhört; Geübte und Ungeübte – hier Nathan und dort Saladin – messen die Kräfte im Wettstreit der Zungen; ein Fall wird bestimmt, ein Verbrechen beschrieben, ein Argument-Stil entwickelt, eine Verteidigungs-Praktik (Maffeis Aegisth!) analysiert.

Die großen Reden, rauschend im Faltenwurf, verraten in Aufbau und Stil rhetorische Schulung. Es sind Virtuosen-Stücke und Schauspieler-Arien, die den Beifall des Hauses geradezu anlocken sollen – jenen Applaus von Galerie und Parterre, den man sich bei Lessing auch im Fall der Traktate und Briefe hinzudenken muß. Was immer er schrieb, eine Streitschrift, einen Diskurs oder eine Parabel – wie die Ring-Erzählung und, zu Beginn der Kontroverse mit Goeze, die Geschichte vom Bau –, er formulierte stets für das Publikum. Noch seine abstraktesten Schriften haben den Charakter des Werbens, Rechtens und Eiferns. Theaterluft durchweht nicht nur die Pamphlete gegen die theologischen Gegner; auch in den sogenannten ›Rettungen‹, den Rehabilitierungen zu Unrecht angegriffener Männer, ja selbst in den antiquarischen Schriften ist immer, als oberster Richter, das Parkett mit von der Partie: die Appellations-Instanz, an die Lessing sich im Stil eines Terenz-Prologs wendet, der Partner, so treu wie der Schatten. Ohne ihn und ohne den Lärm der Kulisse konnte der Bibliothekar aus Wolfenbüttel, dieser Feind aller *gelehrten Kretze* und Gegner toter Buchgelehrsamkeit, ein Werk nicht beginnen. Er brauchte das Gegenüber, dem er sich mitteilen konnte, brauchte das reale oder imaginäre Publikum, das die Zwiste anhört, auf der Hut ist, sich äußert und Einwürfe macht.

Lessing schreibt für Leute, die klatschen und zischen und nicht für Kollegen, nicht – oder doch nur in zweiter Linie – für Theologen, Antiquare und Künstler. Die Ausrufe und Fragen in seinen Briefen, das Sich-Entrüsten und Sich-Ereifern – »Was Herr Voltaire nicht alles schreibt!« –, diese »zermalmende Beredsamkeit«, wie Friedrich Schlegel sie nannte, ein Festnageln des Gegners, ein Insistieren und Hämmern, getragen von sich überstürzenden Anaphern – »Sie, Herr Pastor, Sie hätten den allergeringsten Funken lutherischen Geistes? Sie? Der Sie nicht einmal Luthers Schulsystem zu übersehen im Stande sind – Sie? –« . . . dieses Feuerwerk bedarf des Widerspruchs, der Einrede und Akklamation. Es ist Publikums-Prosa, die immer dann, wenn vom Betroffenen oder vom Zuschauer Reaktionen zu erwarten sind, durch Bindestriche und Pünktchen akzentuiert wird.

Aber der Redner agitiert nicht nur – zuerst ist er Lehrer. Das »docere« geht dem »movere« und auch dem »delectare« voran. Lessing, der »Bruder-Redner«, wie es bei den Freimaurern heißt, war ein redlicher Mann. So gern er, mit Wortwitzen, Antithesen und Anaphern brillierend, seine Gegner niederschlug – er hat niemals getäuscht, sondern, im Gegenteil, die Entwicklung seiner Operationen in einem Akt des Laut-Denkens – »Prallt von diesen Vorwürfen etwas auf mich zurück?« – dem Publikum unterbreitet: so, als sei auch er ein Nathan oder Philotas *in actu cogitationis.* Mit klarer Disposition kündigte er die einzelnen Phasen seiner Feldzüge an, verwies auf die Funktion der Truppenteile, beschrieb den Stil des Scharmützels, entwickelte die grammatikalischen Formen des Hauptkampfs – und war bei alledem ehrlich genug, auch den Rückzug nicht zu kaschieren. »Leute, schaut zu, wie ich das mache«, lautet in jedem Fall die Maxime, »paßt auf, wie ich eins aus dem andern entwickle!«

Unter solchen Aspekten sind Lessings theoretische Schriften allesamt vom Gesetz eines eigentümlichen Pathos bestimmt, einer rhetorischen Didaktik, die sich auch an der Argumentations-Weise darstellen läßt: Zitate, gern gesperrt gedruckt, werden geprüft und gewogen; Sätze – mit Ausrufungszeichen gespickt und von Fragezeichen zerfetzt – wirbeln hoch in die Luft ... und wenn sie dann zu Boden fallen, haben sie sich plötzlich verändert; sind, frei nach Ernst Bloch, zur Kenntlichkeit entstellt ... aus *etwas Vorläufigem* ist unversehens ein *vorläufiges Etwas* geworden. Ein unbarmherziges Beim-Wort-Nehmen und Ganz-Genau-Wissen-Wollen rückt die Dinge zurecht ... und dieser Wille zum Zurechtrücken, zur definitorischen Eindeutigkeit, zum Infragestellen und Zurückschleudern geprüfter und für falsch befundener Münzen kennzeichnet auch die Dialoge des Streitredners Lessing, kennzeichnet die Akteure der Dramen, die geradezu darauf

versessen sind, durch sehr markante, im Frage- und Ausruf-Ton vorgetragene Wiederholungen die Thesen ihrer Szenen-Partner ins Zwielicht zu rücken.
Dafür ein Beispiel aus der ›Emilia Galotti‹. Marinelli sucht den Grafen Appiani zum Aufschub seiner Hochzeit zu überreden:

MARINELLI. Ich sollte meinen, daß es sonach um so weniger Schwierigkeiten haben könnte, die Zeremonie bis zu Ihrer Rückkunft auszusetzen?
APPIANI. Die Zeremonie? Nur die Zeremonie?
MARINELLI. Die guten Eltern werden es so genau nicht nehmen.
APPIANI. Die guten Eltern?
MARINELLI. Und Emilia bleibt Ihnen ja wohl gewiß.
APPIANI. Jawohl gewiß? Sie sind mit Ihrem »ja wohl« – ja wohl ein ganzer Affe.

Eine staunende Frage, ein winziger Zusatz, den Zweifel bezeichnend, eine Umkehr – und Wortwitz-Replik: und der Fall ist erledigt, der Gegner, er heiße nun Marinelli oder Goeze, heiße Wieland oder Hettore Gonzaga, zur Strecke gebracht. Die aufklärerische Methodik hat ihre Ziele erreicht. Nichts wird für bare Münze genommen, kein »denn«, kein »aber«, »insofern« und »obschon« passiert ungeprüft die Barriere. Kenntnis und Scharfsinn dienen dazu, den Gegner beim Wort – und am Kragen zu nehmen.
Lehrend wendet sich der Redner an die Vernunft, pathetisch bewegend rührt er den Sinn; den Ausschlag aber gibt sein Appell an die menschliche Vorstellungskraft. Sie, die Phantasie, ist es, die dort, wo Kopf und Herz

sich streiten, als Zünglein an der Waage erscheint. Ihr gilt deshalb – wie der ›Nathan‹ und die achte Kampfschrift gegen Goeze beweisen – die besondere Aufmerksamkeit des Psychologen und Rhetors.

Wie der große evangelische Prediger Johann Lorenz von Mosheim, seines Vaters Briefpartner, kannte Lessing die Trägheit der Menschen genau; wie dieser Meister der Aufklärungspredigt, dessen Stil er bewunderte, wußte er um die Notwendigkeit, sich je nach der Situation, auf die Gemeinde, auf das Theater, das imaginäre Publikum einzustellen; denn wie Sokrates wollte er die Schläfrigen wecken, die Trägen zum Nachdenken reizen und den allzu Gehorsamen die Welt als veränderbar zeigen. Der wahre Redner ist, im Sinne Quintilians, in erster Linie immer Pädagoge: Aus Gründen der Erziehung, und nicht um des sophistischen Blendungs-Spiels willen, hat Lessing so sehr die witzigen Aporien geschätzt – sie dienten seinem Appell, das Gegebene nicht als Fatalität aufzufassen, sondern immer auch das Gegenteil zu bedenken, sich auszumalen, die Welt wäre anders als jetzt, das Potentielle sei praktikabel und die Dinge stünden plötzlich auf dem Kopf.

»Laßt uns erdichten«, »man stelle sich vor« und »nehmen wir an« sind Lessings Lieblingsausdrücke. Sie gleichen Imperativen an die Vorstellungskraft und sollen den Zuhörer zwingen, Möglichkeiten durchzuspielen, die der Wirklichkeit den Autoritätsanspruch nehmen. »Was wäre geschehn, wenn Thersites Erfolg gehabt hätte?« »Wie würde ich urteilen, angenommen, ich lebte nicht heute, sondern zur Zeit Christi?« Die Lessingschen Zweifel, diese *spitzigsten Fragen*, haben Denunzierungs-Charakter; sie dienen dem *debunking* und sollen den großen Aufbruch und mit dem Aufbruch den Entschluß befördern, von Stund an alles in Zweifel zu ziehen. Darum die Überraschungs-Attacken, diese Volten am Anfang der Briefe: der Gegner ist noch gar nicht ganz da, und schon dröhnen Posaunen; darum die Mythen-Umkehr: Orpheus als ein müder Ehemann, dem es ganz recht geschieht, daß er seine ungeliebte Eurydike findet; darum das Spiel Martials, darum die Paradoxie als befremdliche Interpretation eines scheinbar verständlichen Vorgangs: »Im Essen bist du schnell, im Gehen bist du faul. Iß mit den Füßen, Freund, und nimm zum Gehn das Maul.«

Der Stil verrät den Mann. Die Figuren und Tropen sind Instrumentarien des Kampfes gegen die Dogmatik des »So und nicht anders«; die Denk-Schemata rücken einen Dialektiker ins Licht, der, sehr konsequent, auch seinen Dramen-Gestalten, den klugen Frauen so gut wie den Männern, mit dem Scharfsinn und Witz den Zweifel und die Fähigkeit zur kritischen Überlegung auf den Weg gab. »Unser Gespräch würde ganz anders gefallen sein, Tellheim« – so das mit Lessingscher Einbildungskraft ausgezeichnete Fräulein von Barnhelm, »wenn ich mit der guten Nachricht angefangen hätte, die Ihnen der Chevalier de la Marlinière ... zu bringen hatte.«

Die Floskel »anders« ist ein Schlüsselwort Lessings: selbst sein Vokabular verrät heterodoxe Gesinnung; noch die kleinste Wendung ist verräterisch; jeder Satz ist gezielt; jede Formulierung hat intentionalen Charakter, reizt das Denken, befördert die Imagination und ist rednerischer Natur. Es gibt keine Verkündigung der Wahrheit ohne rhetorischen Schmuck: dieser von Augustin bis hin zu Melanchthon und Mosheim gültige homi-

letische Lehrsatz gilt auch für Goezes gefährlichsten Gegner. Er weiß: wer überzeugen will und eine Nachtigallen-Melodie anstrebt (während die Lerche sich hoch in die Luft schwingt, um nicht gehört zu werden, bleibt die Nachtigall auf der Erde), wer nicht nur den Verstand durch Gründe ansprechen will, der muß sich – so der achte Anti-Goeze – der Phantasie durch allerhand unerwartete Bilder und Anspielungen zu bemächtigen suchen, der braucht den Schmuck der Figuren und Tropen, braucht das Kleid der Metaphern und witzigen Worte, den Stil-Tausch, den Umschwung und die überraschende Zäsur, der darf nicht gleichförmig tanzen, sondern muß springen.
Als virtuoser Rhetor, ein Kopist und Imitator von Rang, beherrschte Lessing den Tenor der theatralischen Proklamation so gut wie den vom Geist der Antithese bestimmten Büchnerschen Wortwitz. Kein Wunder also, daß ihm das pathetische »Luther, du! Großer, verkannter Mann!« ebenso leicht von der Hand ging wie das lässig hingesprochene »Ei, Herr Pastor, Sie sind mir ein seltsamer Mensch«. Begrifflichkeit und Bild ergänzen sich hier zu harmonischer Kombination: einmal tritt dieses, einmal jenes stärker hervor; der Situation entsprechend, in Übereinstimmung mit der jeweils gegebenen Lage, verändert sich das Mouvement des Tons in der überzeugendsten Weise. Was kein Schriftsteller vor ihm erreichte, ist Lessing gelungen: der Versuch, die rhetorische Diktion dem Gesetz der Natürlichkeit unterzuordnen und dem metaphorischen Stil Anmut und lebenswahre Spontaneität zu verleihen. Lessing selbst gibt zu diesem Problem dort den entscheidenden Hinweis, wo er die ihm eigene bildreiche Suade aus seinen dramatischen

Ambitionen erklärt: »Die Sorge für den Dialog gewöhnt uns, auf jenen verblümten Ausdruck ein scharfes Auge zu haben; weil es wohl gewiß ist, daß in den wirklichen Gesprächen des Umgangs, deren Lauf selten die Vernunft, und fast immer die Einbildung steuert, die mehresten Übergänge aus den Metaphern hergenommen werden, welche der eine oder andere braucht. Diese Erscheinung allein, in der Nachahmung gehörig beobachtet, gibt dem Dialog Geschmeidigkeit und Wahrheit.«
Eine erstaunliche Stelle fürwahr! Der »verblümte Ausdruck«, von Gorgias bis Gottsched als Kunstsprache – im Gegensatz zur natürlichen Rede – interpretiert, erweist sich plötzlich als Eigenart des Alltagsgesprächs, der uneigentliche Ausdruck, die Metapher, als Inbegriff der Eigentlichkeit! Was jahrhundertelang Schmuck, Zierat und Putz war – jene Eleganz, die, nach rhetorischer Lehre als dritte und höchste Tugend zur Deutlichkeit und Angemessenheit trat, präsentiert sich hier als Charakteristikum des bürgerlichen Gesprächs! Die Trennung von schlicht-natürlichem und kunstvoll-gedrechseltem Stil scheint, im Zeichen der Einbildungskraft, überwunden zu sein; was man bisher aus vernünftigen Regeln erlernte, wird jetzt auf den Märkten gelehrt. Das Blümeln und Zieren – sofern man es nicht im Übermaß verwendet – kann die Sprache des Herzens ausdrücken, die Spaziergänger-Prosa, geschliffen und leger zugleich, scheint die Prosa der Wahrheit, das Sprunghaft-Metaphorische ein Zeichen jener Natürlichkeit zu sein, gegen deren Gebot zu verstoßen für Lessing als Kardinalfehler galt. Wenn aber Rhetoren-Prosa, wenn geblümter Stil identisch ist mit natürlicher Sprache, dann bedeutet – höchst seltsam – bilderlos und schlicht zu schreiben und

eine gute und zielgerichtete Prosa zu artikulieren, eine akademische Prosa allerdings – dann bedeutet das zugleich auch: der Unnatur willfährig sein, mit der Brillanz die Anschaulichkeit einzubüßen, auf Experienz und fröhliche Schwärmerei zu verzichten und sich so, der *ars imitandi* entfremdet, am Geist der mündlichen Beredsamkeit zu vergehen, denn Mündlichkeit ist für Lessing das *tertium comparationis* zu »Natur« und »Rhetorik«.

Dieser Mann, man muß es ein zweites und drittes Mal sagen, dieser Prediger, Pamphletist, Advokat und Agitator auf der Rostra, der Kanzel und den Brettern der Welt, war Redner, nicht Schreiber. Er haßte Uniformität und maschinelles Einerlei; nicht nach geraden Straßen, sondern nach Umwegen und Seitenpfaden verlangte seine auf Exkurse, Abbrüche und Neuanfänge, auf die Anakoluthe der mündlichen Rede und die Nebensatz-Schneisen erpichte Rhetoren-Manier. Sobald ihm die gewählte Form Fesseln anlegte, er eine Einleitung schreiben oder ein Axiom streng durchführen mußte, wurde seine Sprache steif und pedantisch, hörte auf Partner-Prosa zu sein und bekam, in langen Perioden, einen Zug von feierlich-verdrießlicher Umständlichkeit. Auch der wohlwollendste Leser wird mürrisch – »ist das noch Lessing?« – und atmet erst dann befreit wieder auf, wenn sich am Horizont ein echter oder fingierter Gesprächspartner zeigt, ein Hauptpastor, Dichter oder verwundeter Soldat, mit dem sich's streiten läßt oder vor dessen Richtstuhl, im plaudernden Briefton, die jüngsten Händel auszubreiten sind.

Vergessen wir nicht, daß Briefe, nach rhetorischer Definition, Gespräche mit einem Abwesenden sind, Dialoge auf Distanz also: fixierte Unterhaltungen, die im 18. Jahrhundert schon bei Gellert den Konversations-Tenor mündlicher Unmittelbarkeit gewannen. Lessing also, begabt mit lateinischem *talent épistolaire*, steht auch in diesem Fall in einer Tradition, die sich über die Humanisten bis hin zu Ciceros Briefen an Atticus zurückverfolgen läßt ... und doch, welche Nuancen, wie viele umgangssprachliche Formulierungen hat er, Gellerts Musterbriefe überbietend, noch hinzugefügt, wie weit der Mündlichkeit die Tür geöffnet und ihr gestattet, auch die theoretischen Dispute rednerisch-plastisch zu prägen!

Oder war es etwa kein Wagnis, ein so grundgelehrtes Werk wie den ›Laokoon‹ mitten im Diskurs zu unterbrechen, einen kleinen Sprung zu machen und dann in höchst familiärer Weise zu sagen: »Des Herrn Winckelmanns Geschichte der Kunst des Altertums ist gerade erschienen. Ich wage keinen Schritt weiter, ohne dieses Werk gelesen zu haben«? War es kein Wagnis, um der lebendigen Anschauung und Spontaneität willen die Erörterung durch eine kleine Improvisation, eine beiläufig eingestreute Geschichte zu würzen? (Eine Lügengeschichte, am Rande vermerkt; wir wissen und Horst Steinmetz hat erst jüngst wieder darauf hingewiesen, daß Lessing das Winckelmannsche Buch längst kannte, als er am ›Laokoon‹ schrieb.) Und war es schließlich kein Wagnis, einen diffizilen Philologen-Traktat vom Range der Schrift ›Wie die Alten den Tod gebildet‹ mit dem zwar witzigen, aber doch nicht eben konventionellen Satz zu eröffnen: »Immer glaubt Herr Klotz, mir auf den Fersen zu sein.«?

Seriös im Sinne der Zunft ist das nicht ... aber ein

Zeugnis für jene mündlich-natürliche Schreibart und Manier des Anekdotischen, die es Lessing möglich machte, sich gelegentlich – wenn es das Gebot der Angemessenheit und das Gesetz der Gattung erlaubten – sogar der Dialekt-Ausdrücke zu bedienen. Dabei war er immer ängstlich darauf bedacht, zwischen Plattheit und Schwulst, der allzu niedrigen und der allzu bombastischen Rede einen mittleren Tonfall zu treffen, dem Pöbelwitz so gut wie dem Unsinn, dreistem Modernismus nicht anders als altvorderlichem Gehabe zu steuern. »Lieber etwas zu niedrig als zu erhaben« war seine Devise, und so gut er sich aufs Herzbewegen verstand: das Schreien in Permanenz lag ihm nicht; der Höhenflug seiner Rede wollte immer sehr bald vom Lerchen- aufs Nachtigallen-Maß reduziert sein. (›Miss Sara Sampson‹ und ›Nathan‹ bestätigen als Ausnahmen die Regel; man merkt es ihnen an, daß sie zum Feierlichen hin stilisiert sind.)

Nun, das alles war nicht neu. Auf einen natürlichen Stil hatte schon Lessings großer, auch heute noch verkannter Landsmann Christian Weise verwiesen – und was Gottsched angeht, dessen »grämisches Anschnarchen« Lessing dem Gelächter des Parketts überließ, so hat auch er versucht, zwischen der Scylla des Schwulstes und der Charybdis der Plattheit einen Durchschlupf zu finden. Aber *in praxi* ist es dann doch erst Lessing gewesen, der Schönheit und Glanz, ein Maximum von aufklärerischer *clarté* und »körnichter Deutlichkeit« mit einem Höchstmaß von natürlicher Zier, Eleganz und Anmut vereinte – und wie der Meister, so seine Figuren. Ob Minna oder Franziska, Tellheim, Odoardo oder Nathan: allen ist aufgetragen, mit dem treffendsten zugleich das schönste

Wort zu sagen und, im Akt Lessingschen Lautdenkens, die schlagendste Vokabel zu finden: »Wie Ihr mich empfingt«, hält Nathan dem Tempelherrn vor, und fährt fort: »wie kalt – wie lau – denn lau ist schlimmer noch als kalt; wie abgemessen mir auszubeugen Ihr beflissen wart.« Immer wieder zwang Lessing seine Figuren – so, als müßten auch sie sich gegen Klotz und Goeze behaupten – zur Sprach-Korrektur und verlangte von ihnen, wie von sich selbst, auf dem Feld der Semantik Meisterstücke begrifflicher Schärfe: »Das brennt nicht«, heißt es in der ›Matrone von Ephesus‹, »das scheint nur zu brennen. Das scheint nicht, das scheint nur zu scheinen!«
Kein Wunder also, daß auch die Lessingschen Damen mit den schwierigen rhetorischen Operationen, mit Protasis und Apodosis, so selbstverständlich wie mit Gebetbuch und Strickstrumpf umgehen, und daß sogar der Prinz (man denke: ein Hettore Gonzaga!) eine Begriffsreihe mit sophistischer Exaktheit durch Komplementär-Vokabeln zu ergänzen versteht. »Stolz«, sagt der Prinz in der ›Emilia Galotti‹ zu Conti, dem Maler: »Stolz haben Sie in Würde, Hohn in Lächeln, Ansatz zu trübsinniger Schwärmerei in sanfte Schwermut verwandelt.«
Kein Zweifel, das ist gut und sehr präzis und knapp gesagt: das ist Lakonismus Lessingscher Art, das könnte in der ›Hamburgischen Dramaturgie‹ stehen – und das ist wiederum rhetorisch durchgeformter Stil: Anti-Ciceronianismus nämlich, Epigrammatik in Senecas Weise ... ein Stil, der so kurzgestutzt ist, daß er sich immer an der Grenze von Klarheit und Hermetismus bewegt.
Lessing selbst scheint sich über die Konsequenzen dieses Lakonismus durchaus im klaren gewesen zu sein; »ein Titel ist kein Küchenzettel« hieß seine Devise: er wußte

gut, daß er auf der einen Seite sein Publikum durch zugespitzte Abbreviaturen, diese hingeworfenen, nur den Kennern verständlichen Anspielungen, nicht selten überforderte. Aber auf der anderen Seite war gerade die Wahl dieses mathematisch auskalkulierten, mit Hilfe sorgfältigster Interpunktion meist zu dreigliedrigen Satzgebilden zugespitzten Stils – »Klagen, nichts als Klagen! Bittschriften, nichts als Bittschriften! Die traurigen Geschäfte; und man beneidet uns noch!« – die Konsequenz von sehr plausiblen Überlegungen.

Zum ersten war nämlich die epigrammatische Diktion: war die aus Wiederholungen, Parallelismen und Antithesen bestehende Sprache für Lessing mit der wahren nachlässigen Kürze der gemeinen Rede identisch, so daß sich – erkennbar schon im Brief des Vierzehnjährigen an die Schwester! – abermals eine Übereinstimmung von Natürlichkeit und Rhetorik, von Stil und Umgangsrede ergibt; zum anderen aber – und das ist nicht minder wichtig – war es Lessings Grundüberzeugung, man müsse der Phantasie des Publikums soviel Spielraum lassen wie möglich. Deshalb seine Betonung des Transitorischen, deshalb seine Invektive gegen die malerisch-plumpe Abschilderei, deshalb die Entschlossenheit, sich zu beschränken, auszusparen und abzukürzen, auf naturalistische Vollständigkeit zu verzichten und der Vorstellungskraft des Lesers Gelegenheit zur Ergänzung zu geben.

Nicht als ob Lessing ein Stümper auf dem Felde schildernder Vergegenwärtigung gewesen sei! Schon die imitatorischen Partien der ›Minna von Barnhelm‹, die vielen mimetischen Reproduktionen, die Predigt-Nachahmungen und die – oft parodistisch angelegten –

Inhaltsangaben sprechen, so gut wie der Sinn fürs Gestisch-Äffische und Wiederholende, für seine malerische Veranschaulichungs-Kraft. Was ihn störte, an der beschreibenden Dichtung so gut wie an der allzu deutlichen Wiedergabe auf dem Theater, war das Krud-Naturalistische, das Direkte und Plumpe; es war die Phantasie-Feindlichkeit, die dem rhetorisierenden Bilder-Logiker Lessing mißfiel. »Nur keine malerischen Effekte«, heißt das erste Schauspieler-Gebot der ›Hamburgischen Dramaturgie‹, »keine Blutflecken am Dolch, keine grellen Höhepunkte«; kein »erstochen und geklatscht«, sondern reflektierender Ausklang im römischen Stil, die Dominanz des Indirekten über das Vordergründig-Unvermittelte: Hamlets Reaktion, nicht das Gespenst selbst, soll die Schrecklichkeit der Geisterer-scheinung beleuchten.

Das heißt keineswegs: spirituelles Theater, im Gegenteil, der Praktiker Lessing geht ja mit Gift und Dolch und krassen Schluß-Tableaus nicht eben sparsam um – Doppelhochzeit oder Wiedererkennung von Bruder und Schwester: auf etwas mehr oder weniger Operette kommt es da schon gar nicht mehr an –, man spürt die Qualen des Springers, der sich zu einem Tanz verführen ließ, aber viel lieber endlose Disputationen ausfechten und, statt mit Theaterzeiten und Aktschlüssen zu rechnen, unbekümmert drauflosreden möchte – um dann irgendwann die Partie zu beenden: im elften, hundertvierten oder sechsundfünfzigsten Akt!

Nun, ganz so groß, wie es auf den ersten Blick scheint, ist die Diskrepanz zwischen Lessing, dem Praktiker, und Lessing, dem Theoretiker, nicht; denn auch der Verfasser der ›Hamburgischen Dramaturgie‹ hat alles nur

Erdenkliche getan, um der *körperlichen Beredsamkeit* der Komödianten, der Gestik vor allem, dem Timbre der Stimme und der Bewegung der Hände soviel Plastizität wie nur möglich zu geben. Nicht allein die – höchst eindringlichen – Regie-Vorschriften, die Anordnungen für Finger, Ohren und Münder, sondern auch eine Fülle von Sprech-Sätzen haben, vor allem im Frühwerk, den Charakter theoretischer Stützen für die Akteure. »Der junge Gelehrte« strotzt geradezu von gestischen Exerzitien; aber diese vom Geist William Hogarths bestimmte Betonung der körperlichen Beredsamkeit – wie oft spricht Lessing über ihre Möglichkeiten, Gefahren und Voraussetzungen! – dient doch in erster Linie dazu, eine Gegenkraft zu jenem *Lessingisieren* der Bühnen-Figuren zu schaffen, das, oft beschrieben und oft geleugnet, sich gerade unter dem Aspekt der Rhetorik aufdrängt.
Mit Ausnahme der Chargen, des Riccaut de la Marlinière oder des Derwisch, sprechen alle Lessing-Figuren die Sprache des Meisters: Die Ansicht, das Fräulein von Barnhelm oder der Tempelherr, Marinelli, Just oder Sittah verfügten über eine eigene, höchst persönliche Suade, konnte nur deshalb entstehen, weil Lessings Rede-Stil so vielfältig ist und er, wie in seinen Traktaten, einmal antihöfisch und grob, einmal lakonisch und spitz, ein andermal pathetisch und gründlich, dann wieder herzbewegend und rührend zu artikulieren versteht. In Wahrheit sprechen sowohl die Redner von Nathans Rang wie jene Nicht-Redner – Werner, Saladin und der Klosterbruder, die ihrer Schlichtheit allesamt mit so schöner Rhetorik Ausdruck verleihen – im Tonfall des einzigen Gotthold Ephraim Lessing.
Individuelle Sprache? Die vom Autor erstrebte *eigene*

*Rede* aller Figuren? Persönliche Syntax? Keine Spur davon! »Aus jeder kindischen Miene strahlt die Morgenröte des Verstands«: so Lohensteinisch-barock redet ein alter Diener bei Lessing! »Ärgernis und verbissene Wut hatten meine ganze Seele umnebelt; die Liebe selbst, in dem vollsten Glanze des Glückes, konnte sich darin nicht schaffen lassen. Aber sie sendet ihre Tochter, das Mitleid, die, mit dem finsteren Schmerz vertrauter, die Nebel zerstreuet und alle Zugänge meiner Seele den Eindrücken wiederum öffnet«: ist es zu glauben, daß diese Sätze aus dem Mund eines zur Disposition gestellten Majors kommen? Und ist es zu glauben, daß ein Galanterie-Krämer vom Schlag Marinellis Büchnersche Tiefsinnigkeiten erfindet oder Franziska so geistreich wie eine emanzipierte Dame aus dem Album des George Bernard Shaw zu parlieren versteht?
Ja, es ist glaubhaft; denn nicht der Stand und nur bedingt der Charakter bestimmen in Lessings Dramen die *bon mots* der Akteure ... allein nach der Maßgabe der Situation verändern sich Wortwahl und Sprache – Wachtmeister Werner redet vor dem gnädigen Fräulein anders als vor seiner Franziska – und was für Werner gilt, gilt auch für Tellheim, für Appiani und Nathan. Alle sehen sich imstande, in bestimmten Lagen glaubhafte und nachdrückliche, entschiedene und angemessene Worte prägen und so der Vielfalt ihrer Empfindungen in natürlicher Weise Ausdruck geben zu können. Das unterscheidet sie nicht nur von den orthodoxen Sentenz-Wiederholern, sondern vor allem auch von jenem Prinzen Gonzaga, der noch dort beim höfischen Geplapper verharrt und sein »recht gern, recht gern« verlauten läßt, wo es um die Unterzeichnung eines Todesurteils geht. Mag Hettore

Gonzaga ansonsten noch soviel lessingisieren: seine sprachlich unangemessene Reaktion in einer entscheidenden Stunde verrät, daß auch er zu jenen Marionetten und höfischen Puppen gehört, die Lessing in der ›Hamburgischen Dramaturgie‹ – weit, weit vor Büchner und Marx! – als Maschinen bezeichnet ... als Automaten, die der Dichter erst einmal in Menschen umwandeln müsse.
Hier die Rhetorik der Natur und dort das höfisch-gesuchte Geschwätz, puppenhaft und uniform; hier die bündig-gründliche Sprache der menschlichen Einbildungskraft, Franziskas Redensartlichkeit, dort der Jargon der Galanterie, in dem – man denke an Mutter Galottis Anklage-Rede – »eine Höflichkeit zur Empfindung, eine Schmeichelei zur Beteuerung, ein Einfall zum Wunsch und ein Wunsch zum Vorsatz« wird; hier, so bildreich wie nachlässig-knapp, die Sprache des Herzens und Beredsamkeit der Leidenschaft, dort die unbedeutende höfische Suada, für die ein »Ja« soviel gilt wie ein »Nein«; hier starre Etikette, dort der lebendige Ausdruck an der Grenze von Lachen und Weinen: Spürt man, wie ein rhetorisch geschulter Schriftsteller am Beispiel der Rede Gesellschaftskritik übt – vorsichtig noch, künstlerische Argumente in den Vordergrund rückend, aber unüberhörbar?
Im Reich des Bruder Redners geht es demokratisch zu; Domestiken reden meist von gleich zu gleich mit ihrer Herrschaft – und dies im biegsamsten, nuanciertesten Deutsch; Kleine sprechen nicht anders als Große, die neue Zeit kündigt sich an, denn Witz und Landessprache sind nicht nur für Goeze die »Mistbeete, in welchen der Samen der Rebellion so gern und so geschwind reifet«.
Die Sprache bringt es an den Tag, und Lessing sucht zu

beweisen: es gibt keinen kleineren Teil mehr, der, auf Etikette und höfische Rhetorik verweisend, dem größeren Teil einreden kann, er sei – so das 68. Stück der ›Hamburgischen Dramaturgie‹ – von besserem Stoffe als jener. Die Rhetorik der Zukunft ist die metaphernreiche, natürliche Sprache des republikanischen Volks.

Welch ein Mann, dieser Lessing, welch ein Meister jener materialen, enthusiastischen Rhetorik, deren Bestimmung es nach Novalis' Wort ist, die Philosophie zu realisieren! Welch ein Redner, dieser Prediger und Komödiant, dessem Herzen noch der jämmerlichste aller Demagogen, der Proletarier Thersites, näherstand als ein strahlender Held vom Range Achills. Welch ein Leben, und was für ein sinnvoller Tod: Lessing starb, als seine Redekraft, die kalte Flamme seines Zornes, schwächer wurde und er in der Disputation zu versagen begann. »Ich widerlegte einige seiner Behauptungen so nachdrücklich, daß er nicht weiterkonnte«, schrieb Jacobi nach Lessings Tod, »sein Gesicht wurde *entsetzlich*; ich habe nie so ein Gesicht gesehen.«

Dem, der in seinen rednerischen Feldzügen ein Leben lang siegreich: der immer der erste gewesen war, blieb es erspart, im Alter der zweite zu werden.

# Lessing und die Antike

*Seneca cannot be too heavy nor Plautus too light.*
Shakespeare, ›Hamlet‹ 2,2,395 f.

»Es ist das Vorrecht der Alten, keiner Sache weder zu viel noch zu wenig zu tun. Aber wir Neueren haben in mehrern Stücken geglaubt, uns weit über sie zu setzen, wenn wir ihre kleinen Lustwege in Landstraßen verwandelten; sollten auch die kürzern und sichern Landstraßen darüber zu Pfaden eingehen, wie sie durch Wildnisse führen«: Diese These, formuliert in der Laokoon-Vorrede, hat für Lessing den Charakter einer General-Sentenz. Wer die von Griechen und Römern vorgebahnten Wege verläßt, heißt die Devise – wer, statt sich als Spurengänger zu bescheiden, das Original-Genie herauskehrt, der handelt fahrlässig und wider Vernunft, weil er nicht einsieht, daß der Trab auf dem Lust gewährenden Weg am Ende sicherer zum Ziel führt als der Galopp auf einer Straße, die sich in Wildnispfaden verliert.
»Lassen Sie uns bei den Alten in die Schule gehen«: Von seiner Lehrzeit im Internat von St. Afra bis hin zu den Bibliothekars-Jahren in Wolfenbüttel ist Lessing nicht müde geworden, darauf zu verweisen, daß es »nach der Natur keine besseren Lehrer« geben könne als die Klassiker: Mochte Goethe Shakespeare neben die griechischen Tragiker stellen – einen Poeten, der »die ganze Menschennatur nach allen Richtungen hin und in allen Tiefen und Höhen bereits erschöpft« habe, mochte Schiller seine Ästhetik auf die Kantsche Philosophie gründen und nicht auf Aristoteles, mochten Klopstock und Herder, in

entschiedener Auseinandersetzung mit den Thesen des ›Laokoon‹ und der ›Hamburgischen Dramaturgie‹, gegen die Maxime polemisieren, die Griechen seien in ihrer Menschlichkeit und Kunstfertigkeit unübertreffbar (»Sollte es nur unter den Griechen«, heißt es in Herders erstem Kritischen Wäldchen, »diese Doppelgeschöpfe höherer Art gegeben haben?«), mochten sich einmal die Germanen und einmal – Herders Lieblingsstamm! – die alten Schotten gegen Athener und Römer ins Spiel gebracht sehen: Lessing ließ die Kampfparole, Ossian und nicht Homer, ungerührt. *Er* hatte sich entschieden: Ein aus antikem Holz geschnitzter Werther, weniger angekränkelt von christlicher Erziehung als es der Goethesche Held war, hätte (so Lessings These) gewiß keinen Selbstmord verübt.

Kurzum, *wenn* ein deutscher Schriftsteller rigoros in der Reduktion der kulturellen Überlieferung war, dann ist es Lessing gewesen. Einerlei, ob er seine Kunst-Theorie auf der Doppel-Antithese zwischen einer späthellenistischen Plastik, der Laokoon-Statue, und der ihr zugeordneten vergilianischen Beschreibung, zwischen griechischer und römischer Epik begründete, einerlei, ob er ins Zentrum der Hamburgischen Dramaturgie vier aristotelische Begriffe rückte, Fabel und Katharsis, Mitleid und Furcht oder die Schrift ›Wie die Alten den Tod gebildet‹ mit Hilfe der Analyse eines griechischen Partizipiums entwickelte – einerlei, ob er, Heroinen vom Schlage der Marwood (in ›Miss Sara Sampson‹) oder der Orsina (in der ›Emilia Galotti‹) entwerfend, seinen Dank an Seneca abstattete oder ob er, von den frühen Komödien bis hin zum ›Nathan‹ in den Spuren Plautus' ging (Der ›Nathan‹, das ernste Lustspiel, eine hommage à Plautus – so wie auch Shakespeares Schwanengesang, ›Der Sturm‹, ein Plautus-Stück, den ›Rudens‹, zitiert): Immer waren es antike, später von Franzosen, Italienern und Engländern um und um gewendete Vorlagen, die Lessing zur Neu-Interpretation, zur Umfunktionierung und Aneignung reizten – in welchem Ausmaß, das zeigen nicht zuletzt seine Projekte: der Plan, einen Kommentar zur aristotelischen Poetik zu schreiben so gut wie die Fülle der Dramen-Fragmente und Exposés – Catilina und Alkibiades, Agamemnon, Seneca und Philoktet. Das Szenarium spricht für sich selbst, wobei zu berücksichtigen ist, daß es nicht allein Kunst-Probleme waren, die Lessing auf »gelehrte Jagd« gehen ließ (ein Ausdruck aus den Fabel-Studien). Ihn faszinierte die *Realität* der Antike; ihre Grausamkeit, die sich in römischen Gladiatorenspielen manifestierte, nicht anders als jene Natürlichkeit – Natürlichkeit gegenüber dem Schmerz und dem Tod –, die er, in der ihm eigenen Form kritischer Gegenüberstellung, mit Phänomenen der eigenen Zeit konfrontierte: das antike Sterben mit dem christlichen Tod, die griechische Kultur – Philoktet weint und schreit, weil er sich als Mensch geben darf – mit jener Zivilisation des Feudalismus, in der sich die Sprache des Herzens, Philoktets Klage, in Etikette, Konvention und Reglement verkehrt hat – in die höfische Usance der »plappernden Hofmännchen« von Marinellis Schlag.

Lessing, der poeta doctus, Antiquar und Artist in einer Person, war ein »Finder« und kein »Erfinder«; die Goethesche Antithese zwischen der Literatur drüben und dem Leben und der Produktion hüben hätte er als puren Aberwitz etikettiert – er, dem nur über Büchern etwas einfallen wollte, in Bibliotheken, wo er seine

Swiftsche *battle of books* inszenierte: »Etwas Neues an dem Alten zu entdecken«, heißt es am Ende der Vorrede seiner Untersuchung »Wie die Alten den Tod gebildet«, »ist ebenso rühmlich als das Alte durch etwas Neues zu bestätigen.«

Zu *bestätigen*, wohlgemerkt, nicht *umzukehren* oder zu *widerlegen*: Die Sturm- und Drang-Attitude vermeintlicher Original-Genies war Lessing in gleicher Weise verhaßt (es sei denn, die Genies hätten sich, à la Lenz, an ihren Plautus gehalten) wie der Sammlerfleiß jener »Altertumskrämer«, die er am Idealbild der »Altertumskundigen« maß. Gleich weit entfernt von Musealität auf der einen und anmaßender Traditions-Leugnung auf der anderen Seite war Lessing darauf bedacht, die Antike von den Interessen seiner Zeit aus: den Intentionen einer sich langsam emanzipierenden bürgerlichen Gesellschaft – parteilich also! – mit neuem und frischem Blick anzuschauen ... mit den Augen eines Mannes, für den die Griechen und die Römer in der literarischen Auseinandersetzung mit den Diktaten des Feudalismus den Rang von Nothelfern hatten.

Hier ging es nicht um Bewahrung des Gestern, sondern um jene Rettung des Heute, die den Anverwandler keinen Imitator, sondern einen Künstler gleichen Ranges sein ließ: »Der Kritiker, der die Schönheiten eines Alten aufkläret und rettet«, schrieb Lessing im Juli 1764 an den großen Philologen Christian Gottlob Heyne nach Göttingen, »hat meinen Dank; der aber von ihnen so durchdrungen ist, so ganz in ihrem Besitz ist, daß er sie seiner eigenen Zunge vertrauen darf, hat meinen Dank und meine Bewunderung zugleich. Ich erblicke ihn nicht mehr hinter, ich erblicke ihn neben seinen Alten.«

Wo andere ihre gelernte Lektion rekapitulierten, ging es für Lessing um Innovation: um ein neues Verständnis der überlieferten Texte, um parteiliche Anverwandlung und, am Ende, um einen Wettstreit, bei dem sich der Spurengänger eher als kecker Konkurrent und witziger Kompilator denn als ein Kopist erwies, der sich, frei nach Brecht, durch Klassizität einschüchtern ließ. Wozu auch? Da doch der als Imitator angeprangerte Dichter-Gelehrte für den Schöpfer der bürgerlichen Virginien, höfischen Mänaden und feudalherrlich tönenden Fabel-Löwen identisch mit jenem Bildhauer war, der aus dem Material einer geschmolzenen eine zweite, der ersten »an Geschmack und Schönheit« gleiche Statue schafft. (Nachzulesen in der Eingangs-Parabel zum zweiten Buch der Fabeln – einer Sammlung von gegenwartsbezogenen Gleichnissen in der Manier des Phaedrus und Aisop.)

Kein Zweifel also, daß Lessing – der »Schatzgräber«, wie der Verfasser des 127. Literaturbriefs sich selbst tituliert – in Fragen des geistigen Eigentums nicht minder lax als Bertolt Brecht gewesen ist (ein Mann namens Paul Albrecht hat dem vermeintlichen Kompilations-Genie aus Kamenz sechs volle Bände gewidmet); kein Zweifel aber auch, daß Lessing nicht aus Unvermögen, sondern aus literarischem und pädagogischem Kalkul das Bezüge schaffende Zitat der nur auf sich selbst verweisenden Setzung und die historisierend wirkende, Veränderbarkeit in Literatur und Gesellschaft anzeigende Umdeutung der Original-Schöpfung vorangestellt hat: »Die Mühe, mit seinen Schülern auf Jagd zu gehen«, heißt es in der fünften Fabel-Abhandlung, »kann sich der Lehrer ersparen, wenn er in die alten Fabeln selbst eine Art von

Jagd zu legen weiß, indem er die Geschichte derselben bald abbricht, bald weiter fortführt, bald diesen oder jenen Umständ so verändert, daß sich eine Moral darin erkennen läßt.«

Erst das Finden, dann, mit Hilfe von Variation, Raffung und Zusatz, das Erfinden: Da arbeitet der Philologe dem Schriftsteller, der Antiquar dem auf Unterweisung bedachten Literaten in die Hand; da werden Schätze ausgegraben und, durch Restauration und modernisierendes Arrangement, in einer Weise zur Schau gestellt, daß die zu Säulenheiligen der Klassizisten heruntergekommenen Klassiker sich plötzlich wieder in ihrer Frische und ihrer Fremdheit, ihren Widersprüchen, ihrer Zeitbedingtheit und ihrer Überzeitlichkeit zeigen.

Bewahrung – aufklärerische Aneignung des Überkommenen – durch Bessermachen; »Rettung« – das Schlüsselwort – durch Bearbeitungen, die Experimente nicht scheuen: Unter dieser Devise (Unfeierlichkeit als Ausdruck von Pietät!) wagt Lessing den Wettstreit mit Martial und Plautus, mit Seneca und Aisop – wagt ihn unter Berufung auf jene antiken Autoren, die, wie es in der frühen Studie ›Von den Trauerspielen des Seneca‹ heißt, ihre Vorgänger nicht als *Sklaven*, sondern als *Köpfe*, die selber dachten, nachahmten und die Fehler ihrer Ahnen verbesserten.

*Verbessern:* dem Abgegriffenen durch Umfiguration und verfremdende Pointierung neue Anschaulichkeit zu verleihen, um so Historisches wortwörtlich zu präsentieren: Das war Lessings Begabung. Als Bearbeiter hat ihn niemand erreicht – nicht einmal Brecht. Keiner kommt ihm gleich, wenn es darum geht, aus einer erbaulichen Moritat eine satirische Fabel zu machen, in der, wie in der berühmten Parabel von der Wasserschlange, der Zynismus eines Souveräns, der mit Untertanen sein Spiel treibt, auf den Begriff gebracht wird. Was sich bei Phaedrus wie Schamade anhört, hat bei Lessing den Klang der Fanfare. Während sich in der römischen Version die Frösche an Zeus wenden, damit er sie von jener Wasserschlange befreie, die, als ihr gottbestimmter König, einen nach dem anderen verschlingt, ist bei Lessing der Souverän selbst, die Wasserschlange von Gottes Gnaden, die Appellations-Instanz – eine Instanz, die sich nicht, wie's bei Phaedrus Jupiter tut, moralisierend ergeht – Herrschaft müsse nun einmal sein, auch die schlechte, und zumal die selbstverschuldete –, sondern die im Tonfall eines Feudalherrn reagiert, der mit seinen Domestiken tun und lassen kann, was ihm beliebt: »›Willst du unser König sein‹, schrien die Frösche, ›warum verschlingst du uns?‹ – ›Darum‹, antwortete die Schlange, ›weil ihr um mich gebeten habt‹. – ›Ich habe nicht um dich gebeten!‹ rief einer von den Fröschen, den sie schon mit den Augen verschlang. ›Nicht?‹ sagte die Wasserschlange. ›Desto schlimmer! So muß ich dich verschlingen, weil du nicht um mich gebeten hast.‹«

Der Unterschied ist eklatant: Wo Phaedrus mit einer quietistischen Pointe schließt – »Weil ihr nicht in Geduld das Gute tragen wolltet« (die Frösche hatten einen Holzbalken als Regenten abgelehnt), »ertragt das Schlechte!« –, da endet Lessing, auf Empörung seines bürgerlichen Lesepublikums abzielend, mit einer Doppel-Pointe: Wie immer, so wird in einem zur schlimmstmöglichen Wendung tendierenden Zweischritt dem Hörer vorgeführt ... wie immer der Untertan auch argumentiert: der Herr behält das letzte Wort.

Dabei will freilich nicht vergessen sein, daß die Lessingsche Umkehr- und Übertrumpfungs-Technik, die seine Bearbeitungen charakterisiert und deren Methode er mit Hilfe einer Synkrisis von Vergil und Petron (hüben der Klassiker, drüben der zur Überbietung verpflichtete Nachfahr) sehr exakt analysiert hat ... dabei sei nicht vergessen, daß Lessings faible für Pointen-Pointierung keineswegs immer gesellschaftskritischer Natur ist, sondern – und das nicht einmal selten – auch simplen Spaß am Agonalen, am provokanten Zurschaustellen der eigenen besseren Leistung verrät: *so gut's mein Vorbild macht – schaut her, ich kann's besser!*
Die Dialektik von *dogmatikōs* und *gymnastikōs* (mal schneidender Ernst, mal spielerischer Übermut, mal beides zusammen) bestimmt nicht nur die ›Goeze‹-Briefe und ›Nathan, den Weisen‹ – sie gilt für's Gesamtwerk. So strikt pädagogisierend, als bürgerlicher Aufklärer, Lessing seinen Phaedrus übertrumpft, so spielerisch, auf die artistische Volte und nicht die erzieherische Sentenz blickend, führt er sich auf, wenn es gilt, im Epigramm einen Martial auf den Rang zu verweisen: *E servo scis te genitum blandeque fateris, cum dicis dominum, Septimiane, patrem* (»Daß du von Sklaven stammst, du weißt und gestehst es auch höflich, heißt dein Vater bei dir, Septimianus, doch ›Herr‹«) – das ist witzig, zweifellos, das trifft den auf Anpassung und Komment verwiesenen Parvenu mitten ins Herz: aber es könnte durch eine Perspektiven-Vertauschung (nicht der Sohn, sondern der Vater wird zum Epigramm-Adressaten) sowie durch eine zweite Pointe (ist da nicht auch noch eine Mutter?) an Witz und, dies vor allem, an Bösartigkeit noch gewinnen: Statt sich über den Sohn zu belustigen – der kann

schließlich nichts für seine Geburt – gilt Lessings Sarkasmus den Eltern: »Dein Söhnchen läßt dich nie den Namen Vater hören: Herr Doktor ruft es dich. Ich dankte dieser Ehren! Die Mutter wollt' es wohl so früh nicht lügen lehren?«
Während Martial den direkten Weg wählt und, schnurstracks seinem Ziel zustrebend, die Pointe ohne Perspektiven-Wechsel vorträgt, liebt Lessing, immer auf Überbietung des Vorbilds: auf die Doppelpointe bedacht, die abrupte, seiner Epigramm-Theorie vom Wechselspiel zwischen Erwartung und Aufschluß entsprechende Vertauschung der Sichtweise: *os et labra tibi lingit, Mammeia, catellus non miror, merdas si libet esse cani.* (»Deinen Mund und die Lippen beküßt, Mammeia, dein Hündchen. Deshalb wundr ich mich nicht, fressen die Hunde gern Kot.«) Ein wenig grob, nicht wahr? Eher Knüppel als Florett – zudem nicht so recht in der Balance zwischen anatomischer Eindeutigkeit und Metaphorik. Das hat Lessing gespürt – und er macht's besser als Martial: »Dein Hündchen, Dorilis, ist zärtlich, tändelnd, rein: Daß du es also leckst, soll mich das wundern? nein! Allein dein Hündchen lecket dich: und dieses wundert mich.«
In der Tat, so gering Lessing die *creatio ex nihilo,* die geniale Schöpfung aus dem Nichts, schätzte, so hoch bewertete er, ein Alexandriner im 18. Jahrhundert, jenes Handwerk der Variation, durch dessen Beherrschung der Schüler dem Lehrer beweist, daß er vom Gesellen zum ebenbürtigen Meister herangereift sei: Was der eine an Erfindungskraft voraushat, macht der andere durch Interpretationskunst und Witz, durch eine kreative Verbesserung, wett, die das Epigramm aus der Römerzeit in

ein Gedicht verwandelt, das gleichsam »eingemeindet«, seinen genuinen Platz im achtzehnten Jahrhundert hat. Wenn Martial dem Lobpreis auf die Schwulst-Gesänge tragischer Dichter sein stolzes: »Sei's drum, Sie loben's. Jawohl. Mich aber liest man dafür« entgegensetzt und damit eine Antithese zwischen dem gefeierten Kitsch und der gelesenen Kunst konstruiert, so stellt Lessing das Epigramm vom Kopf auf die Füße: Martial irrt – nicht die Kunst, sondern der Kitsch (damals schauerliche Trauerspiele, jetzt Haupt- und Staatsaktionen und Harlekinaden) wird angeschaut und gelesen; nicht der Kitsch, sondern die Kunst wird gefeiert: Dies ist die wahre, von Martial verkannte Pointe – und darum muß es heißen: »Wer wird nicht einen Klopstock loben? Doch wird ihn jeder lesen? – Nein. Wir wollen weniger erhoben, und fleyßiger gelesen seyn.«
Das ist mehr als Stilübung und flüchtige Gelegenheitsarbeit; da präsentiert sich ein Literat, der, dank Studium und praktischer Übung, sich auf einen concours einließ, um auf diese Weise der Kunst seiner Zeit die verlorene Würde zurückzugeben. Darum die Herausforderung von Phaedrus und Martial; darum der Wettstreit in Gattungen, von denen Lessing sagen konnte, er habe »sie soweit ausgeübet, als es nötig ist, um mitsprechen zu können«: in der *Fabel*, die, befreit von La Fontainescher Poesie, wieder ihre aisopische Simplizität, Knappheit und Präzision gewinnen sollte – als eine Form, die der Botmäßigkeit der Rhetorik, nicht aber der Poetik unterstand; im *Epigramm*, das Akribie und Aggressivität zu vereinigen hatte, die Unterweisung mit dem Amusement; im *Trauerspiel*, in dem sich – mit dem Blick auf Seneca – Pathos und Witz, die affektgeladene Rede und

die scharfsinnige Sentenz, der hohe Stil mit spitzig-knappem Dialog (dem epigrammatisch pointierten Gespräch) verschwistern sollte.
Herausforderung, wohin immer man blickt – und das in zwiefacher Weise: im gelehrten Traktat (den Epigramm- und Martial-Studien oder dem Seneca-Aufsatz) und in praktizierter Opposition. In beiden Fällen tritt ein Mann ins Gemerk und stellt sich den Meistern. Der poetische Gegenentwurf und die absichernde Studie gehören zusammen; mit Ausnahme des anakreontischen Liedes hat Lessing, der Literat, sich nie auf ein Gebiet gewagt, dessen Reglement er, als Antiquar und Philologe, nicht von Grund auf beherrschte. Je kenntnisreicher er als Theoretiker war, desto ingeniöser seine poetische Praxis; je größer sein literarischer Ehrgeiz, desto präziser die ihr zugeordnete Ästhetik: Kein ›Nathan‹ ohne die in lebenslangem Bemühen ausgeformte aristotelische Mitleids-Theorie; kein Entwurf des bürgerlichen, die Trennung von Ernst und Scherz aufhebenden Lustspiels ohne die Bühnen-Auseinandersetzung mit Plautus: Die ›Captivi‹ übersetzt, den ›Stichus‹ und den ›Trinummus‹ bearbeitet, ›Epidicus‹ im ›Nathan‹, dem plautinischsten Werk, rekapituliert!
Abermals: Die Herausforderung. Abermals: *Du, Plautus, machst es gut, ich aber kann's besser.* Abermals: Der Versuch, ein Bildungsgut in ein Stück lebendige Literatur zu verwandeln – konkret: einem Schulautor den Rang eines Theaterdichters wiederzugeben und ihn, mit Hilfe einer Vielzahl von dramatischen Tricks (veränderten Motivationen der Akteure, Zusammenfügung mehrerer Personen in einer einzigen Gestalt, Kontaminationen verschiedener Szenen) aus dem Hörsaal wieder ins Thea-

ter zu bringen: Der ›Schatz‹, die Bearbeitung des plautinischen ›Trinummus‹, macht deutlich, wie da ein Römer einen Sachsen, ein erfahrener Bühnen-Techniker einen jungen Novizen provoziert hat: *Nun zeig, was du kannst!*
Und das tat er dann auch – wobei nicht bestritten sein soll, daß Lessing, was die dramatische Überbietung angeht, es sich gelegentlich ein bißchen bequem macht: Wo der plautinische Sklave, Stasimus heißt er, seinem Herrn ein Gut erhalten möchte und deshalb dem zum Handel entschlossenen Käufer den Acker als einen wahren Höllenpfuhl schildert – pflügt man den Boden, dann fallen die Stiere tot um; die Trauben verfaulen, bevor sie reif geworden sind; alle Vorbesitzer des Guts haben sich entweder erhängt oder sind in Verbannung gegangen – und was Bäume, Vieh und Sklaven angeht, so sind die Äste allesamt vom Blitz zerschmettert, die Schafe kahl und räudig, während Schweine und Sklaven kläglich verrecken: die einen eine Beute der Bräune, die anderen ein Opfer des Fiebers: »Selbst von den Syrern, diesem härtesten Menschenschlag, ist keiner, der sechs Monate am Leben bleibt« ... wo Stasimus die Schreckensszenen häuft, da begnügt sich Lessing entweder mit einer schlichten Transposition vom Römischen ins Deutsche (»Die stärksten Kerls hat Herr Lelio im Wendischen mieten lassen; aber was half's? das Frühjahr kam: weg waren sie.« Antwort des Käufers: »Je nun! so muß man's mit den Pommern versuchen.«), oder er beläßt's, nicht minder lax, bei der Hinzufügung einer weiteren Schrekkens-Phantasmagorie, indem er seinen Stasimus alias Maskarill den Acker durch Teiche anreichern läßt, »in welchen sich mehr Menschen ersäuft haben als Tropfen

Wasser darinne sind«. (»Und da sich also die Fische«, so Maskarill, »von lauter menschlichem Luder nähren, so können Sie leicht denken, was das für Fische sein mögen? ... Fische, die durch ihre Nahrung Menschenverstand bekommen haben, und sich daher gar nicht mehr fangen lassen ... wenn man die Teiche abläßt, sind sie verschwunden.«)

Das ist nicht ohne Geist, gewiß, aber über den Rang einer Schüler-Arbeit, wie man sie im 18. Jahrhundert im Rhetorik-Unterricht verfertigen mußte, kommt die Lessing-Variation kaum hinaus: Für Schüler, die sich aufs Variieren verstanden und zum Beispiel gelernt hatten, wie man eine Karfreitags-Predigt in österliche Verkündigung überträgt oder die Beschreibung einer häßlichen Alten in die Darstellung einer jugendlichen Schönen verwandelt, war eine Bearbeitung à la Lessing nicht mehr als eine propädeutische Übung: Wem über den toten Schweinen und Sklaven, den geborstenen Bäumen und vergifteten Saaten nicht die in Menschen verwandelten Fische einfielen, der konnte in St. Afra kaum reussieren; sein Lehrer in rhetoricis, der die Schüler sub specie »ars descriptionis« in die Kunst der lobenden oder tadelnden Darstellung einweisen mußte, hätte ihn als Banausen bezeichnet. (Und zwar zu Recht.)

Nicht die – leicht erlernbare – Variation also (bloße Weiterung statt verfremdender Pointierung), sondern die verbale Inszenierung des Texts: jene Anreicherung des Lese-Dramas mit theatralischen Elementen deiktisch-gestischer Natur, die das Stück wieder bühnengerecht machen – die Ersetzung der Beschreibung durch Aktion zeigt Lessings Genie; und das bereits im ›Schatz‹! Während die Erzählung des alten treuen Callicles (Lessing nennt ihn Philto) über das im Haus seines Freundes verborgene Geld sich bei Plautus lediglich durch zwei kurze Einschübe unterbrochen sieht – »schau doch, ob niemand uns zuhört« – und im übrigen Erzählung bleibt, verwandelt Lessing den Bericht in eine dramatische Szene, indem er, zum ersten, die *narratio* durch die direkte Rede bühnengerecht macht und, zum zweiten, die Art und Weise, in der die Erzählung abläuft, wichtiger: weil dem Theater gemäßer sein läßt als deren Inhalt – und das nimmt sich, Drama statt Epik, dann so aus:

PHILTO (das ist der Mann, dem sein Freund Anselmus vor einer Reise das Geheimnis vom verborgenen Haus-Schatz mitgeteilt hat). Sehen Sie sich einmal ein wenig um, daß uns niemand behorcht. Sehen Sie recht zu! Guckt auch niemand hier aus den Fenstern?

STALENO (das ist der Partner, ein würdiger Herr, der dem Philto mißtraut). Das muß ja wohl ein rechtes Geheimnis sein. Ich sehe niemanden.

PHILTO. Nun, so hören Sie. Noch an eben dem Tage, als Anselmus wegreiste, zog er mich bei Seite und führte mich an einen gewissen Ort in seinem Hause. ›Ich habe dir‹, sprach er, ›mein lieber Philto, noch eins zu entdecken. Hier in diesem –‹ Warten Sie ein klein bißchen, Staleno; da sehe ich jemanden gehn, den wollen wir erst vorbeilassen –

STALENO. Er ist vorbei.

PHILTO. ›Hier‹, sprach er, ›unter einem von den‹ – Stille! dort kömmt eines – –

STALENO. Es ist weg.

PHILTO. ›Unter einem von den Pflastersteinen‹, sprach er, ›habe ich‹ – – – Da läuft schon wieder was.

STALENO. Es ist ja nichts als ein Hund.

PHILTO. Es hat aber doch Ohren! – – – ›Habe ich‹, sprach er (Philto sieht sich furchtsam um), ›eine kleine Barschaft vergraben‹.

STALENO. Was?

PHILTO. St! Wer wird so etwas zweimal sagen?

STALENO. Eine Barschaft? einen Schatz?

PHILTO. Ja doch! – – – Wenn es nun noch jemand gehört hat.

STALENO. Vielleicht ein Sperling, der uns über dem Kopfe weggeflogen.

PHILTO. ›Ich habe‹, fuhr er fort, ›lange genug daran gespart‹ –

Schluß des komödiantischen Ritardandos, die Geschichte beginnt. Einundzwanzig Jahre war Lessing alt, als er den ›Trinummus‹ bearbeitete – und hat doch schon damals in praxi jene Thesen antizipiert, auf denen, in der ›Hamburgischen Dramaturgie‹ und im ›Laokoon‹ entwickelt, seine Theorie der Kunst basiert; eine Theorie, die von der Überlegenheit der Dichtung, im Verhältnis zu Malerei und Plastik, und vom Primat des Dramas gegenüber allen anderen, durch die Vorherrschaft des Narrativen bestimmten poetischen Gattungen ausgeht: Darum die unentwegte Betonung – eine durchaus nobilitierend wirkende Verklärung der *Handlung* als des Grundelements aller Dichtung (»So weit das Leben über das Gemälde ist«, heißt es im ›Laokoon‹, »so weit ist der Dichter ... über dem Maler«); darum die negative Bewertung jener *Beschreibung*, die, im Lehrgedicht unabdingbar, dem Drama seine eigentliche Force nimmt: die Wirkung auf den Zuschauer.

Lessings Ästhetik, man kann es nicht oft genug sagen, ist, im Unterschied zu den poetologischen Überlegungen Goethes, durchaus intentional: Deshalb, unentwegt wiederholt, seine Anweisung an den Poeten (oder, in der Terminologie des Seneca-Traktats, sein »Vorschlag für einen heutigen Dichter«), er möge niemals vergessen, daß es die erste, vielleicht sogar die einzige Aufgabe der Literatur sei, Leidenschaften zu erregen, den Menschen durch einen Appell an seine Mit-Empfindungsfähigkeit zu affizieren und ihn zur Sym-Pathie mit den Akteuren auf der Bühne zu veranlassen – jenen in der bürgerlichen Tragödie (aber auch im Lustspiel plautinischer Art) dargestellten Figuren vom »gleichen Schrot und Korn« – Figuren, die Lessing, gut euripideisch, »dem Stand seiner Zuschauer annähert«, um auf diese Weise den Betrachtern jenes Mitgefühl mit ihresgleichen zu ermöglichen, das sich im heroischen, bestenfalls Bewunderung (aber keine Sympathie) und kalte Distanz (aber keine parteiliche Aktivität) erregenden Milieu nur als ein »Fühlen, das einer fühlt« manifestiert.

Wirkung durch Handlung, Affekt-Erregung durch Aktion: Kein Wunder, daß Lessing die bildende Kunst nur dort rechtfertigt, wo sie, dank ihrer Schönheit, den Betrachter hinreißt und entzückt und – die Theorie des fruchtbaren Moments – seine Phantasie evoziert. Kein Wunder auch, daß er das Epos allein als »Drama« verteidigt, weil es, als Drama, dynamisch und prozessuell, eine Totalität mit ihren Widersprüchen und ihren Gegensätzen zwischen dem Augenblick und der Geschichte, der sinnlichen Oberfläche und dem Gedanken-Substrat veranschaulicht; weil es, statt punktuell zu beschreiben, mit den ihm eigenen Mitteln eine Handlung inszeniert – so

wie Homer es machte, als er Helenas Schönheit nicht deskriptiv, sondern handlungs-bezogen vorstellte.
Kein Wunder schließlich, bei so viel Wirkungs-Faszination, daß der parteiliche Kunstrichter der Nachahmung auf dem Feld der Literatur (dem Versuch, den Leser durch Mimese statt durch Sympathie zu affizieren) mit einem Höchstmaß von Skepsis begegnet – Goethe hatte recht, die Devise »ut pictura poesis« wurde durch Lessing für alle Zeiten erledigt: Das Statarische war es, das am sinnlichen Augenblick Kleben – die Bevorzugung der Physis und die Verachtung des Spirituellen, die Lessings Mißfallen erregte. »Beschreibung«: das war zu wenig Handlung und zu wenig Erklärung – auf der einen Seite zu wenig Aktion und auf der anderen zu wenig Theorie; darum, sehr konsequent, der Versuch, das Mimetische zwiefach zu überwinden: hüben durch die Analyse der Theorie und drüben durch die Auflösung der Schilderungs-Momente in Handlung – jenes theatergetreue, das Situative der jeweiligen Szene befördernde Einschmelzen epischer Blöcke, das für Lessing gleichbedeutend mit dem Nachweis von dramatischem Kunstverstand war. Nichts konnte ihn so sehr erbosen wie ein Leugnen der These (Brecht, später, hat sie umgekehrt): »Epik und Drama sind zweierlei Dinge.«
Der Bericht – es sei denn, er wäre in die Handlung funktional integriert oder diene, wie der Prolog, der Analyse des Dramas – hat für Lessing den Charakter eines Störenfrieds, der Sympathie (und damit auch die Wirkung auf den Zuschauer) unmöglich macht: »Daß Euripides zur Unzeit moralisiert«, so eine Partie aus dem ›Philologischen Nachlaß‹, »ist bekannt genug, und das will ich ihm als einem Freunde des Sokrates vergeben.

Aber daß er zur Unzeit malt (sprich: beschreibt), das verzeihe ich ihm nicht. Man sehe ein sehr merkwürdiges Exempel davon (aus dem Ion). Kreusa ist verraten, und das aufgebrachte Volk sucht sie überall, um sie zu steinigen. Ein Bedienter kommt und meldet dieses ... den Sklavinnen der Kreusa ... Sie erschrecken und lassen sich den ganzen Verlauf der Sache erzählen. Dieses hätte so kurz als möglich geschehen sollen. Aber nichts weniger. Die Beschreibung des Zeltes, unter welchem die That geschehen, und der Tapeten, mit welchen es ausgeziert worden, nimmt an die dreißig Verse ein. Verdammter Erzähler! Du selbst zitterst für deine Gebieterin; die dich hören, zittern für sie ... die Zuschauer zittern: und du malst uns das Gewirk der Tapeten, den ganzen gestirnten Himmel von Seide ... Die ... Action steht auf einmal still, der Zuschauer wird wieder kalt, und seine Einbildungskraft, die ihm nichts als die Gefahr der Kreusa schildern sollte, wandert unter den Sternen.«
Eine eigenwillige, vom Diktat der Lessingschen »Einfühlungs«-Dramaturgie bestimmte Interpretation? Sicherlich. Zugleich aber auch eine Deutung, von der die Altertumswissenschaft auch heute noch lernen könnte – lernen, daß Dramen nicht als stumme Texte, sondern als Regiebücher gelesen sein wollen ... und eben das hat Lessing getan, wenn er sich Gedanken über Aufführungs-Praktiken machte (»Wer sieht nicht«, heißt es in den Beiträgen zur ›Historie und Aufnahme des Theaters‹, »daß die Vorstellung ein notwendiges Teil der dramatischen Poesie sei?«); das hat er getan, wenn er sich das »Spiel der Akteurs« bei der Lektüre dazudachte (»denn dieses schreiben die alten Dichter nicht dabei«) und wenn er – dies vor allem! – die Methoden jener »körperlichen

Beredsamkeit« zu analysieren versuchte, deren Grundzüge er im Lehrgebäude der antiken Rhetorik unter dem Stichwort *actio* vorgebildet fand: Durch welche Gesten versinnliche ich die Affekte in einer Weise, daß ihre psychologische Qualität anschaulich wird? Wenn der Körper der Spiegel der Seele ist: Was muß ich tun, um das Innere ins Äußere zu transponieren – wo beginnen: bei der Geste oder beim Affekt?

Das sind Fragen eines gelehrten Theater-Dichters und praktizierenden Antiquars, der aus dem Erfahrungsschatz eigener Tätigkeit, der Kooperation mit den Wandertruppen, auf die Körper-Sprache der antiken Akteurs zurückschloß – auf ihre Gesten, ihre Masken, ihre Deklamation und ihre Requisiten, die er nie aus den Augen verlor, wenn er die Wichtigkeit von Skeuopoiie und Skenographie fürs antike Drama betonte oder den technischen Apparat der griechischen Bühne rekonstruierte. (»Die Zeilen, wie Ion die Vögel verscheucht«, heißt es im ›Philologischen Nachlaß‹, ». . . zeigen deutlich, daß der Adler, der Schwan, wirklich zu sehen gewesen. Die Alten waren also keine Feinde der Maschinen, die wir in die Oper verwiesen haben.«)

Wie viel hat dieser Mann vorweggenommen, was erst die klassische Philologie unseres Jahrhunderts zu realisieren beginnt: Die Spannungs-Feindlichkeit des attischen Dramas zum Beispiel, ihre Verachtung des »Was« und ihr Pochen aufs »Wie« – die Darbietung des Bekannten in einer Manier, auf der, mit Friedrich Dürrenmatt zu reden, die Stilisierungs-Kraft der attischen Tragödie mitsamt ihren kühnen Abbreviaturen beruht: Lessing hat diese Technik mit Hilfe einer Analyse der euripideischen Prologe beschrieben; und er war es auch, der die spirituellen Elemente der Tragödie, den Willen zur aitiologischen Erklärung, abschließenden Deutung und gedanklichen Verbalisierung der Aktion, dem kruden »erstochen und geklatscht« des Theaters seiner Zeit entgegengestellt hat; ihm schließlich ist – als erstem, wenn ich nicht irre – der offene Schluß des terenzianischen Lustspiels ins Auge gefallen: keine Scheidung von Gut und Böse, kein Strafgericht und keine Besserung am Schluß – das Stück ist mit der letzten Zeile nicht am Ziel; das Spiel geht weiter: so wie das Leben.

Welche Fülle von Einsichten: vorgetragen in jenem Lessingschen Stil, der das Sentenziöse mit dem Theatralischen vereint, durch Phantasie *überzeugt* und durch begriffliche Präzision *überredet*: einem Stil, der durch Wortgrübelei und exakte Definitorik in gleicher Weise wie durch Sprünge, Abschweifungen und bizarre Einlagen charakterisiert wird – einer Diktion am *Grenzrain von Poesie und Moral* (so Lessing über den Duktus der Fabel); vortrefflich geeignet, auf der einen Seite in der witzigsten Manier über ein Partizipium zu schreiben und auf der anderen im Thespiskarren Religionsstreitigkeiten zu analysieren.

Drüben, frei nach Goeze, *Theaterlogik*, und hüben, ein Ausdruck Friedrich Schlegels, *Mikrologie*, dort das Bild und hier der Gedanke: In der Tat, die Verschwisterung zwischen Gelehrsamkeit und *Poeterey* ist perfekt – erprobt wie das solcher Verschwisterung entsprechende Demonstrations-Modell, mit dessen Hilfe Lessing, als Antiquar und Literat, seine Operationen durchexerziert: die Synkrisis, das wechselseitige Erhellen von Phänomenen – ein mit allen Registern des leidenschaftlichen Spielers inszenierter *concours*: Seneca contra Euripides,

Terenz contra Menander, silberne contra goldene Latinität, Attizismus gegen Asianismus, Antike gegen Moderne, Aristoteles gegen Corneille, der Große gegen den Kleinen: hier Terenz und dort – längst vergessen – ein Poet namens Karl Franz Romanus. (Ein Dramatiker, der es wagte, gegen Terenz anzutreten.)
Dieses dialektische Spiel konnte sich nur einer leisten, der als Altertumskenner, Philologe und Bibliothekar den gelehrten Spezialisten Paroli zu bieten verstand – und eben das konnte Lessing ... und seine Zeitgenossen wußten das. Der Schüler der Leipziger Dioskuren Ernesti und Christ (beide, als Philologen, ihrer Epoche voraus), der Freund des Arabisten und ersten Kenners der griechischen Redner, Johann Jakob Reiske, gehört in gleicher Weise zur Wissenschaftsgeschichte des 18. Jahrhunderts wie der Antipode Winckelmann. Mochte Lessings eigentliches Interesse der Gegenwart gelten, mag die antike Literatur und Kunst ihm in erster Linie Instrument der Selbstfindung gewesen sein: Dieses vom Hier und Heute ausgehende Philologisieren teilt er mit Winckelmann so gut wie mit dem ersten Gelehrten seines Jahrhunderts, dem Göttinger Professor der Poesie und Beredsamkeit (sic!) Christian Gottlob Heyne.
Vergessen wir nicht, daß es um 1750 eine strikte Trennung zwischen Poesie und Wissenschaft, der Zunft und dem Dilettanten, nicht gab – da lernte Winckelmann von Heyne, zitierte Heyne Winckelmann in seinem Vergil-Kommentar, da ging der Professor designatus Johann Gottfried Herder, in einer grundgelehrten Auseinandersetzung über die Fabel- und Epigramm-Theorie, auf den Professor designatus Gotthold Ephraim Lessing ein (in Königsberg hatte man ihm eine Rhetorik-Professur ange-

boten), kurzum, da gab es zwischen den akademischen und den praktizierenden Poeten ein ständiges Herüber-Hinüber: Heyne (der freilich nach Lessings Tod über den Wolfenbütteler Konkurrenten höchst Despektierliches äußerte) beglückwünschte sich anno 1770 zur »bibliothekarischen Collegenschaft« – und es war nicht nur als ein Kompliment gemeint, wenn er, in den ›Goeze-Nathan‹-Jahren, die Tatsache beklagte, daß Lessing aufgehört habe, »unser Meister im antiquarischen Fache zu sein«. Heyne hatte durchaus recht, Lessing war *tatsächlich* ein Philologe von Rang (man lese das 5. Kapitel des ›Laokoon‹, mit seinen Anmerkungen: wenn *das* nicht ingeniöse und grundgelehrte Text-Auslegung ist – was denn sonst?), und er war fanatisch in seinem Geschäft: Seine Klagen über den Bücherstaub, unter dem er langsam ersticke, täuschen ebensowenig wie die Gegenüberstellung zwischen Buch-Gelehrsamkeit und eigener Erfahrung über seine philologische Besessenheit hinweg – seine stupende Gelehrsamkeit, die ihn ein groß Teil dessen beherrschen ließ, was Heyne im Winckelmann-Nachruf für den Bereich der Altertumswissenschaft okkupierte, von der Textkritik bis zur Mythologie.

Lessing mochte sich noch so sehr über die Scholaren-Pedanterie amüsieren: die Art, wie er's tat, verrät den Gelehrten, der seitenlang lateinisch schreibt und Bücher mit der Gewissenhaftigkeit des Rezensenten studiert, dem eine Mammut-Besprechung abverlangt worden ist. Mag er getrost den Sinnenrausch preisen – die Wortwahl demaskiert ihn schnell: »Horaz, wenn ich mein Mädchen küsse, entflammt von unserm Gott, dem Wein, dann seh ich, ohne kritsche Schlüsse, dich tiefer als zehn Bentleys ein« ... ein Gedicht, fürchte ich, das intensive Kenntnis von Konjekturen und höchst bescheidene – vom Körperbau der Frau verrät.

*Wenn* einer Buchgelehrter war, und zwar bis zum Exzeß, dann ist es Lessing gewesen: ein Mann, dessen gesamte Experienz auf Büchern beruhte – und dies seit der Zeit, da er, damit's die Mutter nicht verstand, mit dem Vater lateinisch parlierte, bis in die letzten Lebensjahre hinein: »Haben Sie doch die Güte, lieber Freund, und lassen Sie mir aus Ihrem großen Johnson den ganzen Artikel ›Evidence‹ mit allen Beweisstellen abschreiben. Ich erinnere mich, einmal da etwas gelesen zu haben, dessen ich mich doch nicht recht erinnern kann«; geschrieben fünf Tage nach dem Tod Eva Königs – in einem Brief an Eschenburg, der mit den Worten beginnt: »Gestern morgen ist mir der Rest von meiner Frau vollends aus dem Gesicht gekommen« – und ein paar Zeilen später »Evidence« im großen Johnson!

Lessings Welt, nochmals, waren die Bücher (und vielleicht noch das Spiel und das Theater: Mathematik und Kunst als Lebensformen zweiter Hand!) – immer wieder die Bücher. Ist es ein Zufall, daß der Wolfenbütteler Bibliothekar kein einziges Porträt zustande gebracht hat – wie Nicolai oder Mendelssohn aussah; ja, daß er selbst Goeze – den realen, nicht die Patriarchen-Figur – nur als Besitzer einiger alter Luther-Ausgaben etikettierte? Ein Zufall, daß er Winckelmann vorwarf, er urteile »bloß aus der Kunst« (nach dem Eindruck also nur, nicht nach der Literatur) und daß er in den ›Antiquarischen Briefen‹ die These vertrat, »Mehr als der Augenschein gelten Beweise aus Büchern«? Ist es ein Zufall, daß er (wie anders als der auf *Lebens*-, nicht *Wissens*-Erweiterung bedachte

Goethe) ... ist es ein Zufall, daß Lessing einen Philologen als Berater nach Italien mitnehmen wollte (Heyne war es), daß er, wie sein Tagebuch zeigt, zwischen Rom und Turin statt der Menschen – *codices* studiert hat, daß er die von ihm genossenen Mehlknödel zunächst einmal etymologisch bestimmte, daß er über die Stadt Parma als Wichtigstes berichtete: »Hier wohnt der Graf Rezzonico, der durch seine Disquisitiones Plinianae berühmt ist«, und daß er die Sitten der Italiener, in Sonderheit ihre Mäßigkeit, durch den Nachweis zu belegen suchte, es gäbe im Italienischen keine eigene Vokabel für saufen: *trincare* sage man? (Und dann, o du heilige Philologie, folgt der Zusatz: »Trinca oder Trincone [heißt] Säufer, nicht Trincatore, wie Cramer hat.«)
Lessing, ein klassischer Philologe, der an die Seite von Gessner und Heyne gehört – es wird Zeit, denke ich, daß man ihm den Platz einrückt, der ihm gebührt als Altertumskenner (ein Beispiel für viele: der Erweis, daß die euripideische Alkestis ein geheimes Lustspiel sei), als Textkritiker (wiederum ein beliebiges Beispiel: seine Seneca-Konjekturen), als Methodologe (Aristoteles, so seine These, wolle aus sich selbst verstanden sein), als Interpret (die Terenz-Deutung der ›Hamburgischen Dramaturgie‹), als Bibliothekar (die Arbeit am Libanius), als Herausgeber (die mustergültige Edition eines Paulus-Silentarius-Poems), als Nachfahr Pierre Bayles ein Meister der »Rettung« toter Autoren (die Sophokles-vita) und nicht zuletzt – man denke an seinen Kampf für den geliebten, ihm an Kürze, Witz und Vernunft ebenbürtigen Horaz – als Übersetzer: ein Wissenschaftler, dessen Ziel es war, den gereinigten Urtext, allen Vorurteilen zum Trotz, entschlossen in die eigene Zeit zu transferie-

ren. Und wie ingeniös hat er das bereits als Zwanzigjähriger gemacht, plautinische Doggen in seiner ›Captivi‹-Übertragung in sächsische »Bullenbeißer« verwandelnd – er, dem »die Galle überging«, wenn er mitansehen mußte, wie jämmerlich nicht nur ein Pastor Lange und seinesgleichen die Alten, auf dem Weg von Rom nach Laublingen, mißhandelten.

Und, schließlich, das Entscheidende: Lessing, der Unsystematiker kat'exochen; ein Mann der Collectaneen und *fermenta cognitionis* (der verstreuten Wissens-Partikel) – Lessing ist es gewesen, der dem philologischen Betrieb jenes Element von Frische und gelehrtem Dilettantismus verlieh – dem Dilettantismus des Kenners, der etwas riskiert, auf das sich der Nur-Zünftige nicht einlassen mag ... und sei's, weil er sich's nicht leisten kann, seine Gewährsmänner so leichthin wie Lessing zu übersehen: jeden kleinsten Widersacher mit Namen erwähnt, aber den großen Edmund Burke, den Zitate schaffenden Paten des ›Laokoon‹ (Helena vor den Greisen!), nicht einmal anmerkungsweise genannt!

Die Philologie als eine fröhliche Wissenschaft inthronisiert, die Altertumskunde als ein Geschäft für freie Geister begründet zu haben: Das bleibt Lessings Verdienst – das Verdienst eines Mannes, der, gewiß nicht ohne Arroganz (»pocula somnos ducentia«, ruft der Dreiundzwanzigjährige aus – »kann in der lateinischen Sprache ein Ausdruck bekannter sein?«), aber, weit mehr, mit Charme und Witz (»nun nicht ein Wort mehr vom Griechischen!« – und schon geht's absatzweise weiter) seine philologischen Traktate, diese kleinen *Kampfschriften für den Augenblick* formulierte: mit Entschiedenheit, aber auch mit Selbstironie: »(Nathanael Baumgarten) der ehrliche Mann, ist an einer poetischen Dysenterie gestorben«, heißt es anno 1762 in einem Brief an Nicolai. »Daran sterbe ich nicht. Eher noch an einer poetischen Obstruktion, Konstruktion. Wie heißt das griechische Wort! Schlagen Sie in Hebenstreits Anhang zu Woyts medizinischem Lexico nach, da finden Sie es ganz gewiß. Sehen Sie, wenn ich jetzt auch noch so viel vergessen, ich behalte doch wenigstens die Bücher, wo ich es wieder finden kann.«

Erst Nietzsche hat über Philologica wieder in einem so glanzvollen Deutsch, so witzig und plastisch, parliert – aber was anno 1870 eine Selbstverständlichkeit war, hatte einhundertzwanzig Jahre zuvor den Charakter der Revolution: In der Muttersprache Philologie zu betreiben! Man vergesse nicht, daß die gelehrte Literatur um 1750, zumal was die Antike betrifft, nahezu vollständig aus lateinischen Schriften bestand: noch Heyne beherrschte das Deutsch weit schlechter als das Latein.

Und dagegen nun Lessing mit seinen kritischen Apparaten – geschrieben im präzisen Deutsch, mit seinen glänzend formulierten Anmerkungen und Konjekturen – alles in der Sprache des Landes: lateinische Pedanterie (vielleicht seine genialste »Bearbeitung«) in nuanciertes Parlando versetzt. (Parlando im Sinne einer Dialektik von Präzision und Metaphorik, wie sie der zweite ›Anti-Goeze‹ beschreibt.)

Erst mit Lessing gewinnt die Altertumswissenschaft den Charakter einer nationalen Disziplin; erst seit Lessing ist es möglich, von der Antike als einem allgemeinen, nicht nur den Kennern zugänglichen Besitztum zu sprechen. Erst mit ihm hat jene Demokratisierung der klassischen Bildung begonnen, die, im 19. Jahrhundert nach dem

Debakel von 1848 zurückgenommen, heute, in seinem Zeichen, neu befördert werden will – in Gegnerschaft zu jener elitären Arroganz, die für sich behalten möchte, was allen zukommen sollte: »Was soll man zu den Dichtern sagen«, lautet die Fabel von der Nachtigall und der Lerche, »die so gern ihren Flug über alle Fassung des größten Teils ihrer Leser nehmen? Was sonst als was die Nachtigall einst zu der Lerche sagte: Schwingst du dich, Freundin, nur darum so hoch, um nicht gehört zu werden?«

*Zur Literatur:* Zur Einführung in das Thema »Lessing und die Antike« bleibt, für einen ersten Überblick, Ignác Kont, *Lessing et l'Antiquité*, Paris 1894, unentbehrlich – ein Kompendium, das auf dem Gebiet der Latinistik mittlerweile durch zwei neuere Studien überholt worden ist (Schriften, denen mein Vortrag viele Hinweise verdankt): Wilfried Barner, *Produktive Rezeption – Lessing und die Tragödien Senecas*, München 1973, und Volker Riedel, *Lessing und die römische Literatur*, Weimar 1976. Außerdem: Hans Lothar Markschies, »Lessing und die aesopische Fabel«, in: *Wissenschaftliche Zeitung der Karl-Marx-Universität Leipzig*, Gesellschafts- und Sprachwissenschaftliche Reihe 4 (1954/55) S. 129 ff.; Hans-Günther Thalheim, »Zu Lessings Fabeln«, in: *Zur Literatur der Goethezeit*, Berlin 1969, S. 9 ff.; Siglinde Eichner, *Die Prosafabeln Lessings in seiner Theorie und Dichtung*, Bonn 1974 (vor allem S. 319 ff.; Lessings Verhältnis zur antiken Vorlage – insbesondere zu Aesop und Phaedrus). Karl Otto Conrady, »Zu den deutschen Plautusübertragungen«, in: *Euphorion* 48 (1954) S. 373 ff.
Während Lessings Verhältnis zu den Römern durch neuere Arbeiten kenntnisreich analysiert worden ist, fehlte eine vergleichbare Studie auf gräzistischem Feld – das gilt vor allem für die attische Tragödie. Unübertroffen noch immer: Max Kom-

merell, *Lessing und Aristoteles. Untersuchungen über die Theorie der Tragödie*, Frankfurt a. M. $^{2}$1957.
Zur Archäologie: Elida Maria Szarota, *Lessings »Laokoon« – eine Kampfschrift für eine realistische Kunst und Poesie*, Weimar 1958; außerdem Hans Christoph Buch, *Ut pictura poesis*, München 1972, S. 26 ff., und Helmut Sichtermann, »Lessing und die Antike«, in: *Lessing und die Zeit der Aufklärung*, Hamburg 1968, S. 168 ff.
Zu Lessings Wirkungs-Ästhetik und »Einfühlungs«-Theorie (wobei »Einfühlung« für den Zuschauer, nicht für den Schauspieler gilt – siehe das dritte und vierte Stück der »Hamburgischen Dramaturgie« und die Studien zur »körperlichen Beredsamkeit«!): Hans Joachim Schrimpf, *Lessing und Brecht – von der Aufklärung auf dem Theater*, Pfullingen 1965, und Reinhold Grimm, »Lessing – ein Vorläufer Brechts?«, in: *Lessing Yearbook* 6 (1974) S. 36 ff.
Zum ( noch kaum erforschten) Thema »Lessing und die Philologie«: Eduard Norden, »Lessing als klassischer Philologe«, in: *Neue Jahrbücher für Wissenschaft und Jugendbildung*, Leipzig/Berlin 5 (1929) S. 257 ff., und Paul Raabe, »Lessing und die Gelehrsamkeit. Bemerkungen zu einem Forschungsthema«, in: *Lessing in heutiger Sicht*, Bremen/Wolfenbüttel 1977, S. 65 ff.
Ein Vergleich zwischen der Art und Weise Lessingschen Philologisierens und der Manier der Zunft, zwischen »revolutionärer Philologie« (Kommerell) und latinisierender Gelehrsamkeit à la Christ, Ernesti, Gessner, Reiske und Heyne, bleibt Desiderat. Welche Rolle Lessing in der Philologie des 18. Jahrhunderts spielt, zeigt zumindest andeutungsweise John Edwin Sandys, *A History of Classical Scholarship*, Vol. 3, New York/London 1967, S. 24 ff. Hier wäre weiterzuarbeiten, um die Eigenständigkeit und Traditions-Verpflichtung Lessingschen Philologisierens: die Besonderheit der »produktiven Aneignung« der Antike (Barner) im Kontext des zeitgenössischen Wissenschafts-Betriebs zu erhellen.

# Der Teufel lebt nicht mehr, mein Herr!

## Ein Totengespräch zwischen Lessing und Heine

Projektion der Herzog-August-Bibliothek zu Wolfenbüttel: Ein hoher Raum mit weißen Folianten. Die Borde: auf schmalen Leitern erreichbar. An den Pulten: gelehrte Leser. Aufgestapelte Bücher, kratzende Federn, raschelndes Papier. Im Hintergrund Gehilfen, die Bücherei-Materialien, Konvolute und Zeitschriften, auf kleinen Wagen, sogenannten Bücherschlitten, befördern. Lessing, der Bibliothekar, sitzt an einem langen Arbeitstisch, die Folianten in seinem Rücken. Ins Kollationieren vertieft bemerkt er den von der Seite, in der Haltung respektvoller Ergebenheit näherkommenden Besucher nicht.

HEINE (der stehengeblieben ist und sich, um Lessings Aufmerksamkeit zu erregen, über die Papiere gebeugt hat). Monsieur! (Lessing reagiert nicht, schreibt vielmehr noch emsiger als bisher weiter) Ich wollte, Monsieur ... (Lessing blickt auf, eher zerstreut als ärgerlich) Pardon, ich hatte schon lange die Absicht...

LESSING. Wozu die Umschweife? Aus dem Archiv, nicht wahr? (schreibt wieder) Habt Ihr die Stelle gefunden? Prokopius, Anekdoten, pagina 16: Justinians Erkrankung betreffend.

HEINE. Justinian? Erkrankung?

LESSING. Ja was denn sonst? Habt Ihr den Text? (blickt flüchtig auf) Da, schaut selbst! Ich bin ganz sicher, daß es eine Geschlechtskrankheit war. (beugt sich über das

Papier und liest) »So saß diese Krankheit denn an den Schamgliedern und bestand aus Geschwüren in der Blase.« Das ist schlagend, nicht wahr? Der Kaiser hatte Gonorrhöe, spezifische, venerische Gonorrhöe. Wißt Ihr, was das bedeutet? Es bedeutet: Gotthold Ephraim Lessing tritt den Beweis an, daß die Venusseuche in Europa Jahrhunderte eher grassiert hat als man gemeiniglich annimmt: weit eher, mein Herr, als Kolumbus das erste Mal aus Amerika heimkam. Da, der lateinische Text ... gonorriacas mortes. Tod durch die Venusseuche. Wißt Ihr, von wann das Zeugnis ist? Aus dem vierten Jahrhundert! Tausend Jahre vor Kolumbus, mein Herr! (abbrechend) Also, wo ist der Prokop?

HEINE. Darf ich mich setzen, Monsieur? Sie sollen bedient sein.

LESSING (nickt zustimmend). Kein Buch? Nur ein Exzerpt? Aber der Herr Archivar hat mir doch ausdrücklich versichert...

HEINE. Ich weiß von keinem Archivar. (beschwichtigend) Trotzdem Monsieur – nur einen Augenblick. Ich halte Sie gewiß nicht auf. Schließlich sehen Sie einen ... Kollegen vor sich. Einen Kenner der Materie. Ja, das darf ich sagen.

LESSING. Versteht Ihr Euch auf die späte Latinität? Könnt mir am Ende sagen, was die große Pest gewesen ist, pestis inguinaria, die unter Pelagius, Bischof zu Rom, um 580 grassieret?

HEINE. Das freilich nicht. Von Latein weiß ich wenig. Wenn ich ehrlich sein soll: Die Römer sind mir verhaßt.

LESSING. (entsetzt) Verhaßt?

HEINE. Was mich interessiert, ist die medizinische Seite.

LESSING. Mon dieu, ein Arzt! Aber, lieber Herr, das ist ja magnifique! (zieht Heine näher zu sich heran) Ihr werdet mir helfen, nicht wahr? Die Venusseuche: mein altes Problem!

HEINE. Genau wie meins. *l'avarie*, wie man in Frankreich sagt, die Havarie, der kleine Schaden nach dem großen Sturm. Es fängt ganz harmlos an, Monsieur. (schiebt Lessings Konvolute beiseite: *Da steht gewiß nicht die Wahrheit*) Ein bißchen Kopfschmerz, nous avons la migraine, nichts weiter. Und dann auf einmal ... (hebt die linke Hand, bewegt drei Finger, läßt zwei Finger stehen) Die Lähmung! Erst die Finger, dann die Hand, dann der Arm, bis zum Ellenbogen hinauf – alles stirbt ab! (bricht plötzlich ab)

LESSING. Ich bitte Euch, sprecht weiter!

HEINE. Wie? (faßt sich wieder) Der Arm, wollte ich sagen, nun gut – aber die Augen! Die Augen, Monsieur, das ist das Schlimmste. Stellen Sie sich vor: Die Pupillen – comment croire? – operieren nicht mehr; die Muskeln sind gelähmt, man beginnt zu erblinden ... und dann auf einmal, kommt's: Das obere Lid fällt herab, immer weiter, bis es das Auge schließt und Sie es hochheben müssen, um sehen zu können. So. Übrigens gibt es neuerdings Pflaster dafür; ein bewährtes Mittel, sagen die Ärzte, wenn die Hand zu schwach ist; denn gelähmte Finger: das ist wie ein Messer ohne Griff. – Sie hören zu, nicht wahr? (Lessing nickt) Der Fall erregt Ihr Interesse? In der Tat – zum Teufel mit Kolumbus! – er ist faszinierend. Wie ein Reigen ist das, wie ein Tanz ... ein Tanz, bei dem ein Instrument nach dem andern verstummt. Zuerst die Geigen, dann die Bratschen, dann die Klarinetten, bis, kurz vor dem Finale, nur noch die Flöte übrigbleibt. (deutet auf seine Stirn) Die Flöte. Die Piccolo-Flöte. Klein, aber präzis. Ansonsten: Das große Debakel. Die Brust paralysiert. Die Beine wie Baumwolle. Das Gesicht in zwei ungleiche Hälften zerteilt. Man ißt auf einer Seite, weint auf einem Auge, küßt ohne Gefühl, kaut ohne Geschmack – und nur das Opium, das man in deine Wunde streut, hilft ein paar Stunden lang. Voilà, *la maladie honteuse*, Monsieur. Die Krankheit der Scham – oder der Schande. (akzentuierend) Lues cerebrospinalis: Sagten Sie nicht, Prokop (oder wie hieß er noch gleich?) habe darüber geschrieben?

LESSING. Darüber nicht.

HEINE. Schade. Das Thema ist lohnend. Ich weiß, wovon ich rede. Die Flöten-Melodie am Schluß: Wie eine Zauberweise klingt das, die deine Schmerzen kirren, wenn du sie vor dich hinsummst.

LESSING (der sehr genau zugehört hat, nach einer Pause). Ihr seid kein Archivar. (Heine macht eine Geste: *Um Gottes willen, nur das nicht!*) Ihr habt Euch verraten, mein Herr. (spricht rhythmisch und leise) »Die deine Schmerzen kirren...« Natürlich. Was denn sonst? Laßt mich einen Augenblick lang überlegen und wenn ich nicht weiterkann, bitte helft mir. (schließt die Augen, öffnet sie wieder, zitiert lächelnd) »Wie der Mond sich leuchtend dränget durch den dunklen Wolkenflor, also taucht aus dunklen Zeiten mir ein lichtes Bild hervor. (Heine verneigt sich vor Lessing, aber der bemüht sich, die Silbe »all« betonend, jede einseitige hommage zu verhindern.) Saßen all auf dem Verdecke, fuhren stolz den Rhein hinab, und die...

HEINE (aushelfend). ... sommergrünen Ufer...

LESSING. ... glühn im Abendsonnenschein. Sinnend saß ich zu den Füßen einer Dame, schön und hold; in ihr liebes, bleiches Antlitz spielt das rote Sonnengold. (Handbewegung: *So, und nun Ihr, bitte, fahrt fort.*)

HEINE. Lauten klangen, Buben sangen: Wunderbare Fröhlichkeit! Und der Himmel wurde blauer, und die Seele wurde weit.« (steht auf und umarmt Lessing, der ihn festhält und ihm lächelnd verwehrt, seine, Lessings, Hände zu küssen. Heine, den Tränen nahe, in großer Bewegung) Verzeihen Sie, mein Herr ... aber das ist ... großer Lessing (Lessing schüttelt den Kopf: *Zu viel, lieber Freund*!) ... doch ... es ist Wirklichkeit ... von Angesicht zu Angesicht ... seit ich hier bin, hab ich Sie gesucht, jeden Tag, bis in die Nacht hinein, in dieser riesigen Morgue, wo jeder seine Toten aussucht, die er liebt und womit er verwandt ist. Wie hat mein Herz bei dem Gedanken gepocht, Sie, unter so vielen unbedeutenden Leichen, wiederzusehen, mit Ihrem erhabenen Menschengesicht! Wie...

LESSING. Ihr schwärmt, mein Freund, seid erhitzt. (geht zum Schrank, holt zwei Bouteillen und zwei Gläser heraus)

HEINE. Wie könnte ich vorübergehen, ohne Euch ein einziges Mal ... (nähert sich Lessing zum Kuß)

LESSING. Ich weiß, mein Freund, Ihr habt's geschrieben. Ich erinnere mich. *Wie könnte ich vorübergehen*, hieß es nicht so, *ohne Euch die blassen Lippen zu küssen*? Sehr schmeichelhaft – ich meine, für mich –, wenn auch ein wenig romantisch. (nötigt Heine zum Sitzen, zeigt auf die Flaschen) Port oder Champagner? (Heine wehrt ab) O Pardon, ich vergaß: Ihr mögt keinen Alkohol. Vertragt ihn nicht.

HEINE. Sind Sie ein Zauberer, Monsieur? Zitieren meine Gedichte! Kennen mein Leben!

LESSING. Man liest mancherlei ... wenn auch nicht immer das Rechte. *Über* Euch, wollte ich sagen. Was Eure eigenen Schriften betrifft: Ich denke, wir werden darüber reden. Schließlich haben wir ja Zeit ... viel Zeit sogar. Wenn nicht die halbe Ewigkeit – so doch die ganze. (hebt sein Glas)

HEINE (begierig, ein Urteil zu hören). Falls Ihnen mein Romanzero ein Begriff ist, auf den halte ich viel.

LESSING. Vor allem das Postscript. Ehrlich gesagt, lieber Freund, ich habe selten ein Nachwort mit so viel Bewegung gelesen.

HEINE. Sie meinen die Louvre-Passage, nicht wahr? La pièce célèbre: »Es war im Mai ...« (schließt die Augen und lehnt sich zurück, während Lessing einen Bibliotheks-Gehilfen herbeiwinkt und ihm einen Zettel zuschiebt) »Es war im Mai, an jenem Tage, als ich Abschied nahm von den holden Idolen, die ich angebetet in den Zeiten meines Glücks. Nur mit Mühe schleppte ich mich bis zum Louvre, und ich brach fast zusammen, als ich in den erhabenen Saal trat, wo die hochgebenedeite Göttin der Schönheit, Unsere Liebe Frau von Milo, auf ihrem Postamente steht. Zu ihren Füßen lag ich lange, und ich weinte so heftig, daß sich dessen ein Stein erbarmen mußte. Auch schaute die Göttin mitleidig auf mich herab, doch zugleich so trostlos, als wollte sie sagen: Siehst du denn nicht, daß ich keine Arme habe und also nicht helfen kann?« Meinten Sie das?

LESSING (blättert in einem Buch, das ihm ein Diener gebracht hat, hält dann die Seiten nah an die Augen). Das? (schüttelt den Kopf) Gewiß nicht. Ja, ja, es ist recht hübsch, ein bißchen kokett allerdings, ich für meine Person hätte dergleichen Gefühle lieber verborgen ... jedoch (hat das Gesuchte endlich gefunden) *Das* hier! *Das* ist aus anderem Holz! *Das* meinte ich: so muß einer schreiben. »Ich hatte damals noch etwas Fleisch und Heidentum an mir« (hebt den Zeigefinger: *Du, das ist glänzend formuliert*), »und ich war noch nicht zu dem spiritualistischen Gespenste abgemagert« – weiß Gott, das hätt' ich selber gern gesagt, so was –, »dem Gespenste, das jetzt seiner gänzlichen Auflösung entgegenharrt ... Existiere ich wirklich noch?« Und nun kommt es! »Mein Leib ist so sehr in die Krümpe gegangen, daß schier nichts übriggeblieben als die Stimme darin!« »In die Krümpe gegangen«: mon dieu, dafür gebe ich tausend Louvre-Kirchgänge her, und die Liebe Frau aus Stein gleich dazu. *In die Krümpe gegangen* – krumm geworden, elend, verrenkt: Mann, darum beneide ich Euch. Das hätte am Ende sogar Luthern gefallen: »Und der Leib des Herrn am Kreuz ging in die Krümpe«, Passion nach Matthäi. (»schmeckt« den Satz gleichsam nach, notiert einige Sätze, winkt wiederum einen Diener heran, weist auf den Zettel: *Seht das nach!*)

HEINE (den die Unterbrechung ärgert). Sie sind beschäftigt, sehe ich. Ich kann ein ander Mal ...

LESSING. Aber nein, woran denkt Ihr? Es war nur ... eine Marotte von mir. Mein deutsches Wörterbuch. Eine Ergänzung zu »krumm«, weiter nichts. »Krümpe« – ich vergesse das sonst.

HEINE. Wie? Sie *arbeiten*? Hier?

LESSING. Was sonst? Ich bin Bibliothekar. Immer noch oder wieder: ganz wie Ihr wollt. Wenn ich Euch nützen kann – stehe zu Diensten. (Heine – ein wenig verwirrt: wozu das jetzt? – verneigt sich) Wißt Ihr, im Grunde hat sich für mich gar nichts verändert – seit Wolfenbüttel. Nur bin ich jetzt nicht mehr allein. (blickt sich um und zeigt dann auf Bücher, Katalogbenutzer und Leser vor den Regalen. Spricht sehr leise) Das englische Wörterbuch. Dr. Johnson. D'Alembert. Die Enzyklopädie. (verbeugt sich) Und da mein lieber Hederich. Das Lexikon der Mythologie will ergänzt sein: dank Eures Zutuns übrigens. Ja, schaut Euch nur um: Thesaurus totius mundi! Der Schatz der ganzen Welt ist meine Bibliothek! Die Gedanken aller Zeiten – präsent in einem einzigen Raum. Voilà, die consecutio temporum, die sich kein Schulbuch träumen läßt.

HEINE (sehr leise). Pauvre homme.

LESSING. Arm? Ich? Aber mein Freund, bedenkt: Just bevor Ihr kamt, habe ich mit Newton gesprochen. Mit Sir Isaac Newton. Gestern abend mit Voltaire! Immerhin...

HEINE. Ja. Ein Schatten mit einem Schatten. Parlando im Hades!

LESSING (ausbrechend). Aber was für eins! (wieder ruhiger) Gut, meinethalben: Ich lebe wie ich gelebt habe, ich sterbe wie ich gestorben bin: Unter den Büchern. Der Staub spinnt mich ein. Gut, dann erkenn ich mich wieder und bin es zufrieden. *Zufrieden*, mein Herr. Wenn ich einsam war, drüben unter den Prinzen und Pfaffen – hier bin ich es nicht. (Zu einem Diener) Ich wünsche, daß der Prokop angemahnt wird ... heute noch. (macht eine Notiz) Und dann dies bitte. Schnell. (aufblickend) Und nun, mein lieber Herr Doktor (da Heine den Kopf schüttelt): Utriusque juris, ganz nach der Ordnung. Darf ich Euch geleiten? (förmlich) Es wäre mir Ehre und Plaisir, Euer Cicerone zu sein. Wenn wir mit den Katalogen begännen, da drüben? Oder der Repertorien-Sammlung? Am besten wir stiegen auf eine Leiter, über der Balustrade vielleicht. Ihr seid doch schwindelfrei? (steht auf) Ihr werdet sehen, es ist ein phantastischer Anblick: Bücher, wohin man auch blickt! Schweinsleder und Pergament, Quart, Oktav und Duodez, Folianten dazwischen. Pergament und Papier – den Papyrus nicht zu vergessen. Kann es ein Panorama geben, das poetischer wäre als dieses? Also, worauf warten wir noch? Wie heißt es gleich bei Euch? »Kommen Sie, Doktor!«

HEINE. Danke. Ich lese lieber im Sitzen.

LESSING. Aber wer spricht denn von *lesen*? Ihr sollt *schauen*: diese Bibliothek ist wirklich ein Gedicht. (weist ringsum) Architektur als Poesie!

HEINE. Nun schön. Wenn Sie darauf bestehen, Monsieur. Allons, besteigen wir den Berg. Zur Odyssee vielleicht, hoch unterm Dach? Zur Göttlichen Komödie, da oder da, und dem verlorenen Paradies, das doch gewiß bequem zur Hand sein wird? Wenn Sie vorangehen wollen? (vertraulich, mit einem Anflug von Zynismus) Harry Heines opera omnia, von Campe in Leinen gebunden: Sie haben recht, das ist schon eine Reise wert. Selbst in den Hades. (schaut empor: Die Leitern, auf denen die Bibliothekare wie Akrobaten operieren, machen ihm Angst) Geht's arg weit hinauf?

LESSING. Aber, mein Herr, Ihr mißversteht mich!

HEINE. Combien?

LESSING. Mißverstehen. se méprendre.

HEINE. Ah! oui.

LESSING. Wenn Ihr die Bücher sehen wollt, Homer, Vergil oder ... Heine.

HEINE. Shakespeare und Lessing.

LESSING (unbeirrt). Die sind im Magazin. Hier unter uns. Dreißig Stockwerke, und man gräbt immer noch tiefer.

HEINE. Sagten Sie: *gräbt*?

LESSING. Ja. Es ist wie ein Bergwerk: mit Stollen und Gängen und Förderwagen – und den Gehilfen natürlich.

HEINE. Unten, wo's keinen Tag gibt? An Paradoxen, scheint es, ist man hier nicht arm. – Nur verstehe ich nicht: Was ist denn das? (zeigt auf die Bücher an den Wänden) Attrappen? Leeres Papier?

LESSING (schüttelt den Kopf). Register. Schlacht-Beschreibungen. (zeigt) Einhundertsiebenundvierzigster Schacht: Militärliteratur achtzehntes Jahrhundert, französisch. Dreiundachtzigster Schacht: Galanterien, Persien, spätes ...

HEINE. Dürfte man sehen?

LESSING (unbeirrt). Kochbücher. Totentänze. Diarien, bäuerlich, städtisch.

HEINE. Genug, Monsieur! assez! c'est bon! c'est bon!

LESSING. Genial, nicht wahr? Le monde entier – auf einen Blick! Und nun das Köstlichste – da! (zeigt auf eine riesige Bücherwand) Unser intimes Journal! Alles, was je über Menschen gesagt worden ist, pardon, geschrieben natürlich, Sottisen und Hymnen ...

HEINE. Liebesgedichte...

LESSING. Und Verleumdungen. Es ist alles aufbewahrt. *Alles*, mein Herr.

HEINE (plötzlich begierig). Und könnte man sehen? Es wäre möglich ... eine Probe vielleicht?

LESSING. Aber natürlich, warum denn nicht? (ein Diener kommt mit einem Folianten) Ich habe Vorsorge getroffen. Ihr wünscht ... Bestimmtes?

HEINE. Non non non.

LESSING (blätternd). »Seine Stimme ist sanft und angenehm, die Augen mittelgroß, schalkhaft, voll Leben und Geist. (Heine lehnt sich lächelnd, höchst befriedigt, zurück) Die Nase leicht gebogen und scharf geschnitten, keine ungewöhnliche Stirn (Heine, indigniert: *Hm! Dummkopf*!), hellblondes Haar (Heine: *Comment*?) und einen Mund, in steter Bewegung, der in dem mageren blassen Gesicht die Hauptrolle spielt. Seine Hände sind von der zartesten Form, gleichsam durchgeistigt, alabaster-weiß.«

HEINE. Brave garçon! Der Kerl hat Geschmack.

LESSING. Der hier auch? Wartet ... (setzt eine Brille auf) Hier. Ja! »Heine mit seinem feinen blassen Gesicht, seinen zarten Händen, seinen aristokratischen Manieren war nur mit Worten ein Republikaner, im Herzen der exklusivste Aristokrat. (Heine, den Kopf wiegend: *Man könnte so sagen. Ganz falsch*, zuckt die Achseln, *ist das nicht.*) Als Mitglied unseres Wohlfahrtsausschusses jedenfalls hätte unser Heine lieber mit einer Marquise de l'ancien régime bei Austern und Champagner ein Schäferstündchen gefeiert als sie aus purer Volksbeglückungslust zur Guillotine geschickt.« (Heine klatscht in die Hände)

LESSING (sieht über die Brille hinweg Heine an: *Nun, das Klatschen wird Euch schon noch vergehen*). »Ein Eulenspiegel ist er. Ein Bajazz, der Sklavenwitze reißt. Ein Possenreißer, den der Herr Stallmeister mit seiner Peitsche haut und der ihm dafür eins anhängt, mit seinen Späßen. Aber Bajazzo kennt die Freiheit nicht: Mit Possen wird sie nicht erobert.« (Blickt auf. Heine beugt sich langsam vor, streckt den Arm aus und legt die ausgebreitete Hand auf das Buch: Schluß jetzt)

HEINE. Nicht sehr klug von mir, wie, erst »fini« zu rufen ... wo's ans Magere geht. Trotzdem: Ich kann's nicht mehr hören. Nein, auch das Lob nicht. Alabasterhände! Blasses Gesicht! Das bin ich doch gar nicht. (schlägt auf das Papier) Hier nicht! (sieht sich um) Hier nirgendwo – und da drunten, in diesem ... Bergwerk erst recht nicht. Das ist nicht Heine, Monsieur! Ihre Mineure, mit den Grubenlampen, irren sich! Die finden immer nur Papier, Band 10, Band 12, Band 24 – aber nicht mich! (leise, halb für sich) Ach, der herrliche Achill wußte es wohl, warum er lieber ein frönender Knecht sein wollte im Lichte des Tages als hier unten ein König über die Schatten der Toten. Wie beneidenswert, mein Herr, ist selbst die miserabelste Existenz auf der Erde – mit so viel Langeweile verglichen. Diesem elenden Einerlei! mourir d'ennui! (mit dem Ausdruck äußersten Ekels) Bah!

LESSING (zeigt, Heine kopierend, auf zwei starre Finger, zieht das Augenlid herunter und macht ein schläfrigblödes Gesicht). So also wieder? Und wieder (streuende Bewegung) Morphium in die Wunde?

HEINE. Ja, wieder so! Und wieder den Strohsack und die beiden Matratzen darauf und wieder den Paravent mit den chinesischen Figuren davor: den Schattenrissen, die sich in mondhellen Nächten vom Papier befreiten und, losgelöst, plötzlich riesengroß wurden: belebt und bewegt sprachen sie zu mir und ließen mich erschauern, bald vor heißer, bald vor kalter Angst! Und dann den Tag! Den Tag, an dem man mich hinaustrug auf den Balcon und ich die grünen Bäume sah und das ferne bunte Leben der elyseischen Felder. O Lessing! Können Sie ahnen, wie mir zu Mut war, als ich mit meinem einen halben Auge noch einmal die Welt sah – nach so vielen Jahren! ... und dabei war's doch so wenig. Ich hatte mir das Opernglas meiner Frau geben lassen und sah, von meinem Lager aus, mit unglaublichem Vergnügen einem Pastetenbäckerjungen nach, der zwei Damen in Crinolin-Röcken seine Pastetchen anbot, und einem kleinen Hund, der daneben auf drei Beinen an einem Baum stand und ... comme on dit (sucht das deutsche Wort für se soulager) sich erleichterte. Da machte ich das Glas zu; ich wollte nichts mehr sehen – denn ich beneidete den Hund. Und wie viel mehr erst jetzt!

LESSING. Neid auf ein Tier ohne Verstand?

HEINE. Aber es lebt! *Lebt!* Blinzelt in die Sonne! Der Bois de Boulogne, Monsieur, die Boulevards und diese reizenden Produktionen der Cafés chantants. Unter der Sonne zu sein, Lessing, glauben Sie mir, das ist das einzige, was zählt. Ich bin ein alter Duellant: Die Sekunde, bevor das Kommando ertönt – da begreifst du plötzlich, was du verlierst und erkennst, was das ist: Leben. Très sainte Marie, mein erstes Duell! Der Himmel so klar und so blau! Alle Apfelbäume in Blüte! Rings um mich stiegen Felddüfte auf, die meine

Lebenskraft verhundertfältigten. Ich betete zu Pomona und Flora. Gottlob, die heilige Jungfrau hat nicht gewollt, daß ich von einer Kugel getroffen wurde, während mir die schönsten Dinge der Welt im Kopf herumgingen. Das große Glück – vorm Einschlafen! (in Gedanken versunken, halb sprechend, halb singend) »Du findest die Strohpuppen-Jette nicht mehr, nicht mehr die große Malwine, auch nicht mehr die Kudelmuddel-Marie. Auch nicht die Dragoner-Kathrine.« (aufblickend, mit Tränen in den Augen) Ach, Lessing, was ist Ihr Jahrhundert-Gespräch mit Voltaire und Sir Isaac Newton gegen eine einzige Stunde auf der Drehbahn, mein altes schiefwinklichtes schlabbriges Hamburg! Pique-As-Luise und rote Sophie! Schöner als alle Melusinen der Seine! Wie hätte ich dichten können – ohne sie? Kunst, frei von Laster: wo gäb's das? (wieder sprechsingend, wie oben) »Du suchst vergebens. Du findest nicht mehr die lange Mahle, die dicke ... die Braunschweiger Mummen-Friederike.« (spricht, tatamm, ta-tam, den Rhythmus nach) ... ich hab die Strophe vergessen. Ein paar Jahre, und ich werde keine Zeile mehr wissen. Poesie, Monsieur, das ist Leben! Dabeisein! Rausch! Inspiration. (französisch) in-spi-ra-ti-on! Eingebung! Atemholen! Das ist das gleiche! (hält erschöpft inne, sieht Lessing an) Sie, sagt man, hätten dergleichen niemals empfunden? Haben, am Ende, außer der einen keine geliebt?

LESSING. Davon nichts, mit Verlaub. Ich wünsche nicht...

HEINE (fährt unbeirrt fort). Die Welt, Monsieur! London! Der Steinwald der Häuser, und, dazwischen, der drängende Strom der Millionen Gesichter mit ihrer

Leidenschaft, dem Haß und dem Hunger! Da steigt ein Meer neuer Gedanken auf, der Pulsschlag der Welt – und Sie ... Sie wissen nichts davon. Und dann erst Paris: *Da*, mein Herr, und nicht auf dem Theater, und schon gar nicht in Ihren Büchern wird die wirkliche Tragödie gespielt: das große Trauerspiel, bei dessen Erinnerung noch in den fernsten Ländern die Herzen zu zittern beginnen – und dies, obschon doch die Wunden nirgendwo schneller heilen als in Paris. Paris, Monsieur, wo man selbst die Guillotine durch Rosenschleier betrachtet, weil noch über dem grausamsten Streit der Anisduft der Höflichkeit liegt. Ach, Lessing, was wissen Sie von der Welt! Sachsen und Braunschweig ... c'est tout. Aber der Zauber der Großstadt: Mondscheintrunkenheit und Nachtigallenwahnsinn mitten auf den Boulevards. Gut, gut, das klingt ein wenig bombastisch, ich weiß. Sie mögen das nicht, aber sagen Sie selbst: Gibt es Kunst ohne Leben? Nachahmen, Lessing ... nachahmen kann auch der Affe; aber leben, wirklich *leben* tut nur der Mensch ... und doppelt zu leben, das vermag allein das Genie. Mozart, Raffael, Shakespeare!

LESSING (der sich die Geständnisse seines Gegenübers nahezu teilnahmslos angehört hat). Und Heine, natürlich.

HEINE. Das hab ich nicht gesagt.

LESSING. Aber gedacht.

HEINE. Vielleicht. Warum auch nicht?

LESSING. Eben. Aber so seid Ihr nun einmal, Ihr ... Künstler. Spielt das Genie aus, gegen das Talent, das Gebären gegen das Machen (den Mechanismus, wie Ihr das nennt), das organische Entstehen gegen die

Imitation. Schön, dann bin ich eben kein Künstler.

HEINE. Ihr ... Sie ...

LESSING (unbeirrt). Nach Eurem Verstand jedenfalls – wenn's einer ist. Bin ganz zufrieden, mein Herr, nennt mich nur, wie Ihr wollt. Kritiker, Artist, Philolog, den Künstler schenke ich Euch. Und das Genie erst recht. Ist schon ganz richtig, Herr Poet: Die Quelle, die sich aus eigener Kraft emporarbeitet, mächtig, in gewaltigen Strahlen – nein, die hab ich nicht in mir. Ich muß alles hinaufpressen, noch immer, durch Druckwerk und Röhren. Und hätte ich nicht in der Schule gelernt, mir fremde Schätze zu borgen – in Bescheidenheit, wie sich versteht! – und mich an fremden Feuern zu wärmen – ich wär' schon arm dran.

HEINE. Aber das ist falsch, das ...

LESSING. Pardon, jetzt rede ich. Die Welt sagt Ihr? Paris und London? Dort wehe der Geist und die verborgensten Geheimnisse der gesellschaftlichen Ordnung täten sich auf? Geschenkt, mein Herr. Ich kenne einen Mann, Ihr kennt ihn auch, Immanuel Kant, der hat seine Vaterstadt, das Haus, die Universität und den Garten, ein Leben lang nicht verlassen – und war doch weiter im Weltall als Ihr und ich und alle Globetrotter unter dem Himmel zusammen! Voilà, da habt Ihr Euer Paris – und das ganze Hamburg dazu, wenn Ihr wollt. Ich geb's hin.

HEINE (sucht sich durch einen Witz aus der Defensive zu befreien). Auch den Apollon-Saal auf der Drehbahn?

LESSING (auf den Ton eingehend). *Und* das Theater. *Und*

alle Akteurs und Aktricen. Und, als Zubrot, das Pastorat von Senior Goeze. Warum verzieht Ihr den Mund? Der Mann hatte den besten Rheinwein im Lande. Bin oft in seinem Keller gewesen. Also, wie steht's? *Ihr* behaltet *Euer* Reich – und laßt *mir* das *meine*.

HEINE. Und das wäre?

LESSING. Dies hier – die Bibliothek.

HEINE. Die? Die können Sie behalten.

LESSING. Sagt einmal, ist Euch noch nie der Gedanke gekommen, es könne Schriftsteller geben, so Handwerker wie mich, keine (ironische Handbewegung) großen Poeten – Artisten, denen über einem Gedicht, nehmt Sappho oder Horaz, nicht minder vortreffliche Verse einfielen als Euch über dem Näschen einer angebeteten Schönen? Auch *ich*, mein Herr, habe meine Minken, Kathrinen und Jetten – nur haben sie andere Namen. Griechische, französische: *literarische* eben. Ist das ein Schimpf?

HEINE. Certainement non. Mais de seconde main, aus zweiter Hand: *mein* Fall ist das nicht.

LESSING. So wenig wie meiner. Fragt sich also, ob es tatsächlich zweitrangig ist, wie Ihr meint, Kunst an der Kunst und nicht an dem zu bilden, was Ihr so das Leben nennt. Das Leben! Die Natur! Offen gesagt, *mir* ist nie recht behaglich gewesen, wenn die Poeten, kaum daß die Blätter grün zu werden begannen, prompt den Frühling besangen. *Mir* wäre bei roten Zweigen sicherlich mehr eingefallen. Was *ich* gelernt habe, habe ich aus Büchern gelernt ... und es dann besser gemacht. Die Poesie nämlich läßt sich, im Gegensatz zur Natur, zum Guten verändern; und eben das macht ihren Reiz aus. Aber, pardon, ich verplaudere mich.

HEINE. Oh, ich lausche Ihnen mit Vergnügen, Monsieur.

LESSING. Was mich um so mehr verbindet als Ihr selbst zur Zunft gehört.

HEINE. Ich zu Ihrer Zunft? Ich – ein Gelehrter?

LESSING. Wie? Habt Ihr denn keinen Faust geschrieben – obwohl es schon hundert andere gibt?

HEINE. Einen wie meinen nicht.

LESSING. Voilà.

HEINE. Sie kennen mein Ballett?

LESSING. Wie nicht? Da es von Euch ist?

HEINE. Und schätzen es? (da Lessing zögert) Zumindest ist es interessant, nicht wahr? Und dabei ein Vier-Wochen-Kind! Unter Armut und Schmerzen! Mon Dieu! Hätte ich nur die Hälfte der Zeit gehabt wie Herr von Goethe, ach, nur ein Viertel – fünfzehn Jahre: eine halbe Ewigkeit! – bei allen Heiligen, das schwöre ich Ihnen: von *meinem* Faust würde man sprechen, und das Puppenspiel im Verlag des Herrn Cotta zu Stuttgart wäre schon lange vergessen.

LESSING (schüttelt den Kopf). Seid Ihr so sicher? Ist so schon ein respektables Stück, und die Verse: vortrefflich. (zitiert) »Die Sonne sinkt, die letzten Schiffe, sie ziehen munter hafenein. Ein großer Kahn ist im Begriffe, auf dem Kanale hier zu sein.« Das ist Poesie an der Grenze des Philosophierens, mein Freund. Das Gedicht als Gedanke. Die Formel, die ins Bild gesetzt ist. Ein gefährliches Geschöpf übrigens: Seiltanz am Rande der Komik. »Ein großer Kahn ist im Begriffe, auf dem Kanale hier zu sein«: Das kippt schon beinah um, von der Vision ins Abstrakte. Ein Schrittchen weiter, und der Vers wird lächerlich. Aber diesen Schritt geht der alte Fuchs eben nicht; *der* weiß, wo man aufhören muß. Habt ihn ja weidlich ausgeschlachtet in Eurem Ballett: der herzögliche Hof, Helenas und Faustens ambrosischer Frieden im Archipel. Akt drei, wenn ich nicht irre.

HEINE. Der vierte, mit Verlaub. Drei ist die Satansmesse.

LESSING. Der Hexensabbat, ich erinnere mich. Auch von Goethe übrigens. – Ihr kanntet ihn näher?

HEINE. Nur flüchtig. Eine Audienz. Er fragte mich, woran ich arbeite.

LESSING. Und Eure Antwort?

HEINE. »Ich arbeite an einem Faust, Excellenz.« Der Abschied war kühl. (Lessing lacht) Sie amüsieren sich?

LESSING. Ja. Ich dachte an Shakespeare. (Heine zeigt Unverständnis) Zu dem kommt eines Tags ein Mr. Smith oder Cox oder Peters und sagt – befragt, woran er denn schriebe –: »An einem Hamlet, Sir, woran denn sonst?«

HEINE. Aber ich war kein Mr. Smith! Ich war ... (Tonwechsel) für ihn ein Herr Heine aus Hamburg. – *Sie* sind ihm niemals begegnet?

LESSING. Nein, soviel ich weiß, nicht.

HEINE. Und halten viel von ihm?

LESSING (sich zurücklehnend). Wißt Ihr, mein lieber Doktor: der Kerl, pflegten wir damals zu sagen, ist ein Genie, aber das Genie ist ein schlechter Nachbar. (Heine klatscht in die Hände: *Exactement. c'est ca!*) Sehr begabt, der Mann – *unglaublich* begabt, aber gefährdet. Gefährdet und ... ungerecht!

HEINE (einstimmend). Jawohl! Bis zur Bösartigkeit!

LESSING (ohne auf Heine einzugehen). Der arme Jerusalem, ich kannte seine Schriften gut. Was hat der Mann aus dem gemacht: einen Heulmichel, ein larmoyantes Original – den verliebten Werther! Das typische Produkt der christlichen Erziehung: im Herzen das Mädelchen und in der Faust das Pistol! Jerusalem – ein verächtlicher Schwärmer! Das nenne ich mir einen Schelmenstreich! Und wissen Sie, was dieser ... sogenannte ... Werther in Wirklichkeit war? Ein wahrer, nachdenkender, kalter Philosoph – und alles andere als ein empfindsamer Narr. Seine Abhandlungen zeugen von Scharfsinn; ich habe sie selber *ediert.*

HEINE. Und ich möchte sie *lesen.*

LESSING (lächelnd: *Na seht Ihr, man fängt an, sich einzugewöhnen*). Schon morgen, wenn Ihr wollt. (macht eine Notiz)

HEINE. Und Sie, Monsieur, studieren mein Ballett. (zitiert, wobei er mit den Händen den Takt schlägt) »Der Doctor Faust. Ein Tanzpoem. Nebst kuriosen Berichten über Teufel, Hexen und Dichtkunst, in französischer Sprache geschrieben von Henri Heine.« Das Finale, das verspreche ich Ihnen, wird Sie entzükken. Faust sagt der Sünde Valet und führt sein Bürgermädchen zum Altar: bezaubert von ihrer Schöne und Zucht. Und da – vor der Kirchentür, die Glocken läuten und die Orgel rauscht mit frommem Gedröhn – da auf einmal tritt sie hinzu! Mephistophela! Und zieht – voilà – mit triumphierender Miene den Kontrakt aus dem Mieder!

LESSING. Ei schon ... gewiß ... jedoch ... gerade das gefällt mir nicht.

HEINE. Mein Finale? Herr, sind Sie des Teufels! Das gefällt Ihnen nicht, wie Mephistophela ihren Faust mit dem Ausdruck schauerlichster Verhöhnung umtanzt? Wie der Boden sich öffnet und die Höllenfürsten, die Ungetüme mit ihren Szeptern, den Herrn Doktor umtanzen? Wie das Höllenweib, verwandelt in eine Schlange, ihr Opfer mit wilder Umschlingung erdrosselt: *Das*, sagen Sie, gefällt Ihnen nicht? Gut, dann müssen wir debattieren, wir zwei – über Mephisto zum Beispiel, der ein Tanzkünstler war und kein gefallener Engel wie bei Monsieur Goethe. Ein Furioso mit Flammen und Orgelgeläut: *Das*, Lessing, nenne ich mir ein Finale, wie es das alte Zauberbuch verlangt. Und keine himmlische Farce, wie sie der ... andere geschrieben hat, frech und katholisch. Mit Engeln, himmlischen Chören und dem ganzen Weihrauch-Tralala, auf das er sich so gut verstand, der alte Charlatan. (zitiert mokant) »Wundern kann es mich nicht, daß unser Herr Christus mit Huren gern und mit Sündern gelebt: geht's mir doch eben auch so!« Und dazu dann das Ewig-Weibliche aufs Unbeschreibliche gereimt! Für die Nation die »Jungfrau, Mutter, Königin« (»Göttin, bleibe gnädig!«) – und für den Schreibtisch, das Pult im geheimen: »Und doch kann dich nichts vernichten, wenn Vergänglichem zum Trotze willst dein Sehnen ewig richten erst zur Flasche, dann zur ... (steckt die Zunge heraus) Bah!

LESSING. Aber mein Herr! Wozu die Erregung! Der Mann, gottlob, war doch kein Heiliger!

HEINE. Aber er tat so. Ließ Faust in den Himmel einziehen! Verging sich an der Sage! Hatte keine Ehrfurcht vor ihrem wahrhaftigen Geist! Machte aus dem Volksbuch ein frivoles Ballett. Mais oui! Ein Ballett, lesen Sie nach. Engel schwebend in der höhern Atmosphäre, selige Knaben (imitiert) in Kreisbewegung sich nähernd. Das Firmament als Tanzplatz eines corps de ballet: Sagen Sie selbst, läßt sich Fataleres denken?

LESSING. Aber Ihr habt doch selbst...

HEINE. Ein Ballett geschrieben? Ja, mein Herr – aber eins, das auf der Erde spielt! *Hier* wird getanzt; *hier* ist Satan zu Hause; *hier* werden schwarze Messen gefeiert; *hier* wird verurteilt.

LESSING (plötzlich erregt). Aber nein, Herr Doktor! Heine! Ich bitte Euch, das ist doch Aberwitz!

HEINE. Mein Tanzspiel? Meine Mephistophela?

LESSING. Aber die gibt es doch gar nicht – sie so wenig wie das Pendant à la Weimar. Eure Tänzerin und Goethes Luzifer: für mich ist das der gleiche Mummenschanz.

HEINE. Sie sagten...

LESSING. Ich sagte. Ja.

HEINE. Und *Ihr* Faust-Drama, Herr? Haben Sie nicht auch dergleichen versucht?

LESSING. *Versucht.* Das ist richtig. Aber ich hab's bald gelassen, und ich will Euch sagen, warum.

HEINE. Ei, da bin ich gespannt.

LESSING (mit großem Ernst). Weil ich begriff, daß Mephistopheles' Tage gezählt sind, seitdem die Vernunft in ihr Recht gesetzt worden ist. Der Philosoph, mein Herr – Faust, wenn Ihr so wollt – ist Gottes Liebling und nicht Luzifers Vasall. Erkenntnis! Freie Lehre! Wissen! Forschung! Das *zerstört* den Höllentrug, die Dämonenfurcht so gut wie den Aberglauben der Kirche. *Zerstört*: nicht *dient*! Vernunft ist keine Bestie: sie lehrt uns, die Bestie *zähmen*. Man muß es nur wollen; darf nicht umkehren, auf halbem Wege, die Augen nicht schließen. Die ganze Wahrheit, Herr Doktor, oder gar keine Wahrheit. Tertium non datur. (trinkt einen Schluck) »Und sehe, daß wir nichts wissen können«: Falsch, collega, von A bis Z falsch! Wir *können* – und eben darum, sehr lieber Herr Heine, gibt es keinen Mephistopheles mehr.

HEINE. Eigentlich schade. Schließlich geht viel verloren mit ihm. Jedenfalls auf dem Theater.

LESSING. O da wüßte ich Rat. (kramt in der Schublade, zieht ein kleines Heft hervor) Hier – eine Stelle bei Diogenes Laertius.

HEINE (der zeigt, daß er den Namen nie gehört hat). Ein Kirchenvater?

LESSING (lachend). Nein. Eher ein Mann wie ich. Ein Antiquar. Sehr belesen – im Zitieren unschlagbar. Wir fragen einander gelegentlich ab. Der Herr auf der Leiter da drüben: das ist er.

HEINE. Der?

LESSING (blättert in seinem Heft). Ein angenehmer Mensch. (hält das Heft nah an die Augen) Ja, das suchte ich: Da wird von einem Zyniker mit Namen Menedemus erzählt. Ich darf doch das Griechische gleich übersetzen?

HEINE. Ich bitte darum.

LESSING. Menedemus war ein Philosoph, der ging in seiner Schwärmerei so weit, daß er, als eine Furie gekleidet, durch das Land gezogen ist: jedermann bedeutend, er sei aus der Hölle entstiegen, um den Geistern daselbst Nachricht über die Sünder zu geben. Seht Ihr, so einen Mann könnte ich mir gut als Mephistopheles denken.

HEINE. Einen Verrückten?

LESSING. Nun, »verrückt« – das ist ein weites Feld. Sagen wir lieber »besessen« – von der Idee besessen, die Verdammten zu retten ... und zwar um jeden Preis. Wäre schon wahrscheinlich, nicht wahr, solch ein Charakter – und als Verführer sehr überzeugend. Ein Mensch, der sich einbildet, Gottes Werkzeug zu sein.

HEINE. Luzifer ...

LESSING. Die Ausgeburt der Phantasie.

HEINE. ... als Vehikel des Heiligen Geistes.

LESSING. Und zwar selbst ernannt.

HEINE. Gekrönt mit der Vollmacht des Witzes. Unter Fiebern besiegelt. (streckt die Arme aus) Lessing, *das* ist eine Figur! Das müssen Sie schreiben!

LESSING. Ja, warum eigentlich nicht? *Das* Böse, ins Herz des Menschen gelegt, an Stelle *des* Bösen; Mephistopheles als Projektion der Seele.

HEINE (einfallend). Le diable, une image projetée!

LESSING. Ihr habt recht, wirklich, das wäre zu schreiben – unter einer Voraussetzung freilich.

HEINE. Nun?

LESSING. Daß Ihr den Faust übernähmt. Den richtigen.

HEINE. Und warum gerade ich?

LESSING. Weil Ihr der einzige seid, der ihn wirklich versteht.

HEINE (sieht Lessing lange an: so als könne er dessen Gedanken erraten). Sie meinen ...

LESSING. Ja.

HEINE. Faust wäre ... Jude? (Lessing nickt) Herr, das ist genial! Das ist ... es gibt gar keine Alternative ... ich Narr! Weshalb bin ich nicht selbst darauf gekommen! Natürlich ein Jude! Wer denn sonst hat jene Doppelbegabung, Wirklichkeitssinn, mit Mystizismus gepaart – den Realismus und die Prophetie, die notwendig ist, um aus Träumen – Kalkulationen zu machen und aus Rechenaufgaben – Legenden! Also her mit dem Zyniker, Lessing: ich werde ihm jemanden geben, der verführbar ist, weil er an Wunder glaubt und unverführbar, weil er nachrechnen kann! Wann fangen wir an?

LESSING. Wann Ihr wollt.

HEINE. Noch heute?

LESSING. Warum nicht?

HEINE. Ein Faust aus dem Frankfurter Ghetto und ein Mephisto aus dem Narrenhaus: Sie, das wird ein Spaß!

LESSING. Nicht nur.

HEINE (immer begeisterter). Natürlich nicht. Ein Faust im Shakespeare-Stil. Komik und Tragik friedlich vereint. Die Menschen leiden – und der Herrgott macht Spaß. Das Schaudervollste, buntscheckig, im Gewand der Lächerlichkeit.

LESSING. Es *muß* gelingen. (steht erregt auf) Wißt Ihr, ich hab es schon einmal versucht – im ›Nathan‹, wenn Ihr den kennt. (Heine macht eine Geste: *Aber natürlich, den kennt doch jeder*) Nathan der Weise: Da geht es um Verbrennen, Mord und Pogrom – und zugleich um Zinsfuß und Schachspiel. Um Kommerz und Gebet, um Mystik und Ökonomie. (wird wieder ruhiger, setzt sich erneut) Mir schwebt etwas ganz Bestimmtes vor ... etwas Ungeheures: die Zurücknahme Shakespeares! (leise) Ich hab's noch niemandem erzählt. Ihr seid der erste. Es hätte auch keiner verstanden vor Euch. Ich wollte den Wucherer Shylock mit seinem Opfer versöhnen – mit Antonio, dem Kaufmann, aus dessen Leib sich der Jud sein Pfund Fleisch herausschneiden möchte. Den Handelsherrn, der keinen Zins nimmt – den Christen also! – und den Schacherer – diesen unseligen Vater ...

HEINE: »Jessica, mein Kind!«

LESSING. Diese beiden in einer einzigen Figur zu vereinen – einem Menschen-Bürger, der für alle steht, die guten Willens sind ... das, lieber Heine, war mein Ziel. Am Beispiel Nathans, des erlösten Shylock, eine Welt vorwegzunehmen, in der Jud so viel wie Christ gilt, Frau so viel wie Mann. Aber es ist mir nicht gelungen: Familiarität und blutiger Haß, Wirklichkeit und Utopie ... das wollte sich einfach nicht fügen. Das ging nicht zusammen. Aber wenn *wir* uns zusammentun.

HEINE. Jude und Christ.

LESSING. Ein halber Christ, ein halber Jud ... zum Teufel, dann müßt's doch gelingen!

HEINE. Der Jud ganz insgeheim, ein Monarchist und der Christ, in aller Offenheit, ein Republikaner: parbleu! Das ist schon ein apartes Gespann! (anderer Tonfall) Ein Jammer übrigens, Lessing, daß Sie nicht acht Jahre länger ... da oben, meine ich: Die Revolution hätte Sie gewiß zur Stelle gefunden: So ein richtiges Spartacus-Drama, Agitation in Versen, das hätte den Montagnards noch gefehlt.

LESSING. Ja, das wird häufig gesagt.

HEINE. Der Erfinder eines französischen Abenteurers namens Riccaut de la Marlinière besingt den Sturm der Plebs auf die Bastille.

LESSING. Les extremes se touchent. Und was den Riccaut betrifft...

HEINE (lachend). Ihro Gnad seh in mik le Chevalier de la Marlinière, Seigneur de Pret-au-vol, de la Branche de Prens-d'or. Ihro Gnad stehen verwundert, mik aus so ein groß, groß Familie zu hören... (hält lachend inne, wird von Lessing umarmt)

LESSING. Aber das ist ja phantastisch! Ihr hättet Akteur werden sollen: vorgesprochen – und schon engagiert! Wollen wir wetten, das Publikum wäre begeistert gewesen!

HEINE. Tut mir leid. Ich wette nie.

LESSING. Wahrhaftig? Nun, das läßt sich lernen. Ein bescheidenes *jeu* hat noch keinem geschadet. (holt einen Kartenstapel aus der Schublade) Die Karten und die Lotterie: am Ende sind's doch die besten Mittel gegen die Hypochondrie. (blättert Karten auf) Wißt Ihr, was ich am letzten Tage getan hab, da oben in Braunschweig?

HEINE. Sie waren, sagt man, mit Ihrem Nathan beschäftigt.

LESSING (lacht). Mit Nathan? Mit Nummern! 15.23.52. Dreimal die Ambe und einmal die Terne, summa summarum zwei Taler, zwölf Groschen. Das Lottospiel! Die Hamburger Ziehung! *Das*, mon vieux, war mein Finale! (macht drei Zeichen in die Luft) Dreimal das große T: da habt Ihr Lessings Trinität: Théologie, Théâtre und ... Table de jeu! Tapis vert. Von der Kirche ins Parkett und vom Parkett in den Salon, an den Spieltisch: c'était ma vie ... wie der Riccaut sagen würde. Übrigens eine meiner Lieblingsfiguren. Er spielt mit Dukaten, Nathan mit Waren, der Sultan mit Dame, Springer und Turm und Minna, das Fräulein von Barnhelm, spielt ... mit ihrem Mann. Mesdames,

Messieurs, faites votre jeu! (hält Heine die Karten hin) Wollt Ihr nicht doch...?

HEINE (schüttelt lächelnd den Kopf). Wissen Sie, lieber Freund, wir haben heute andere Spiele ... ernstere als zu Ihrer Zeit. Was damals der Spielsaal war, ist jetzt die Börse, und statt der Karten gibt es ... Papiere. Aktien. Und darauf verstehe nun ich mich: Das Steigen und Fallen der Kurse, Monsieur, das Träufeln der Zinsen, dazwischen das leise Schluchzen der Armut – das ist die Melodie des Jahrhunderts! (abbrechend) Wissen Sie was? Sie lehren mich das Lottospiel und ich erkläre Ihnen dafür ... den Börsenbericht!

LESSING. Und Faust und Mephisto?

HEINE. Sind nicht vergessen darüber. Ein Jud, der nichts von Kursen versteht? Ein Philosoph, der nicht spekuliert? Aber das wäre ja absurd!

LESSING. Wann treffen wir uns?

HEINE. Gegen acht? Nach dem Souper? (steht auf)

LESSING. Warten Sie, ich komme mit.

HEINE (blickt sich um). Seltsam, vor einer Stunde hätt' ich meinen Kopf verwettet...

LESSING. Seht Ihr, es fängt schon an!

HEINE (lächelnd). Verwettet, wollte ich sagen, daß ich hier niemals zuhause sein könnte ... unter all den Büchern und den toten Papieren. Und nun auf einmal ist alles anders: So still! So freundlich! Kein Lärm! Keine tickenden Uhren! Und dann Sie, mein Lessing, mit Ihrem ... (kann vor Bewegung nicht weitersprechen, fängt sich dann wieder) Jetzt plötzlich sehe ich, wie gut es hier ist, unter den Büchern ... und wie lebendig! Wie sicher, Lessing! Denn oben, wo man

Bücher verbrennt – und das tut man! – verbrennt man am Ende auch Menschen.

LESSING. Das wird nie geschehen. Der Teufel lebt nicht mehr, mein Herr. Dafür ist gesorgt.

HEINE. Sind Sie so sicher?

LESSING. Schon. Freilich – wetten würde ich nicht. (Heine macht, lächelnd, eine Handbewegung: *Na siehst Du* ... Dann gehen beide, den Arm umeinandergelegt und die ihnen Begegnenden grüßend, aus dem Bild.)

# Der Journalist

Lessing, wird mancher fragen, der große Gotthold Ephraim Lessing – ein Journalist? Der Autor des ›Nathan‹ und der ›Hamburgischen Dramaturgie‹ – ein Tagesschriftsteller? Der Klassiker, dessen opera omnia, in Leinen gebunden, auf den Regalen stehen – ein Mann der Stunde und des raschen Augenblicks? Jawohl. Eben das ist er gewesen. Der Blick auf die gesammelten Werke, in Goldschnitt womöglich, läßt uns vergessen, daß ein Großteil des Lessingschen Œuvre aus Zeitungs- und Zeitschriften-Beiträgen besteht. Die ›Hamburgische Dramaturgie‹: eine Folge von Rezensionen, die, erst zweimal wöchentlich, dann in unregelmäßiger Reihenfolge publiziert, auf Schreib- und Druckpapier erschienen. Die Streitschriften gegen Goeze: kleine sechzehnseitige Pasquille – mit fliegender Feder geschrieben, auf den Markt geworfen ... und schon das nächste Stück komponiert. Die ›Briefe antiquarischen Inhalts‹ Nummer eins bis neun, veröffentlicht in der ›Kayserlich-privilegierten Neuen Zeitung zu Hamburg‹. Die ›Schätze der Herzoglichen Bibliothek zu Wolfenbüttel‹: ans Licht gebracht in einer von Lessing redigierten Gazette.
In Zeitungen, dem ›Naturforscher‹ oder dem ›Wandsbecker Boten‹, erschienen Lessings Gedichte; in Zeitungen wurden die großen Debatten eröffnet, die Auseinandersetzungen mit Lange, Klotz und Goeze; in Zeitungen – und nicht im Leinenbuch! – machte der Journalist, Redakteur und Verleger Gotthold Ephraim Lessing das Geschäft der Kritik zu einer nationalen Affäre: ›Beyträge zur Historie und Aufnahme des Theaters‹: herausgege-

ben von Lessing und Mylius; das Feuilleton der Vossischen Zeitung: drei Jahre lang von Lessing redigiert; die ›Theatralische Bibliothek‹, ediert von Lessing; ›Briefe, die Neueste Literatur betreffend‹: ebenfalls!
Zeitungs-Geschäfte, wohin immer man blickt, in Berlin, in Hamburg, in Wolfenbüttel und – im Wolkenkukkucksheim des Traums: ›Das beste aus schlechten Büchern‹, ›Meine Brieftasche‹, ›Gelehrte Kretze‹ – das sind nur einige Titel von Blättern, Namen gelehrter Gazetten, deren Herausgabe der zeitlebens auf Neuigkeiten und rasches Reagieren versessene Lessing sich vornahm. *Nur nicht lange gefackelt! Zugepackt und aufgespießt!* hieß seine Parole, der Zorn muß frisch sein und die Begeisterung auch. Kein Wunder also, daß die Devise der ›Briefe antiquarischen Inhalts‹ *mehr eine Kampfschrift für den Augenblick als ein Besitztum für immer* den Charakter eines Lessingschen Lebens-Prinzips hat: »Das Schwärmen«, mit dem Blick auf die Ewigkeit, heißt es anno 1768 in einem Brief an Johann Arnold Ebert, »will ich Euch – Schwärmern überlassen; so dann und wann ein kleines Streitschriftchen: flüchtig, für die Sekunde, um sieben Neunteile von meinen schreibenden Landsleuten auf mich toll und rasend zu machen, das ist alles, was ich mir vornehme.«
Kurzum, was sich heute, aus dem Abstand zweier Jahrhunderte, als klassische Literatur präsentiert, war für den Autor solcher Schriftstellerei Tagesgeschäft, zum Popularisieren aufklärerischer Gedanken nützliches Instrument, Vehikel der Polemik und des ad hoc Kritisierens. Die ›Hamburgische Dramaturgie‹ – eine Sammlung von Rezensionen – und keine sub specie aeternitatis verfaßte Summe –, von Rezensionen zudem, die, zeitbezogen und

flüchtig, ursprünglich nur den Vertretern der transitorischen Kunst, den Schauspielern, galten: »Meiner Ansicht nach sollten diese Blätter hauptsächlich der Kritik der Schauspieler gewidmet seyn; ich sehe aber wohl, daß mit diesem Volk nichts anzufangen ist: sie nehmen Privaterinnerungen übel, was würden sie bei einer offenen Rüge tun; ich werde also wohl die Autoren müssen entgelten lassen.«

Lessing, man kann es nicht oft genug sagen, war kein Systematiker, sondern ein Schriftsteller, der sich von einem Theaterstück, einer gelehrten Schrift, einer szenischen Darbietung, einem theologischen Traktat zur Überprüfung und Präzisierung eigener Positionen angeregt sah. Adaptiert – will heißen: in Aneignung oder Protest auf die Ebene eines höchst persönlichen Problems gehoben – gab ihm das Fremde Gelegenheit, sich in verbesserndem Weiterdenken oder in polemischem Gegenentwurf seiner »reaktiven« (des Appells von außen bedürftigen) Potenz zu versichern.

Lessing, ein Mann des »zweiten Zugs«, der aus der Defensive heraus operiert. Goeze eröffnet die Partie (in einer Zeitung wie sich versteht, dem ›Postreuter‹), und Lessing, immer mit schwarzen Steinen spielend, schlägt zurück – ›Nathan der Weise‹, ein Meisterstück diffiziler Verteidigungskunst; die Partie eines Mannes, der stolz darauf, sich als Einzelkämpfer mit Spielern zu messen, die, anders als er, im Bund mit der Macht waren. Hinter dem Horaz-Übersetzer Samuel Gotthold Lange, Pastor zu Laublingen, stand immerhin die Autorität Friedrichs des Großen (von »wohlgerathener Arbeit« hatte der König gesprochen), hinter Professor Christian Adolf Klotz stand das Universitäts-Establishment, hinter

Johann Melchior Goeze die protestantische Orthodoxie, hinter Lessing aber, der nacheinander das borussische Mäzenatentum, die Hallenser Hochschul-Clique und, personifiziert im »Papst Hammoniens«, die lutherische Kirche angriff – hinter Lessing stand niemand.
Er war allein, und er war abhängig – abhängig, als Journalist und Redakteur, von seinen Verlegern, und abhängig, zumal in der Berliner Zeit, von der Zensur. Jede »Beeinträchtigung« (so lautete das Schlüsselwort der fritzischen Administration), jede Beeinträchtigung ausländischer Konnexionen, jeder Verstoß gegen Sitte und Ordnung, jede Verletzung der Moral-Tabus wurde bis hin zum Konzessions-Entzug geahndet. Erstaunlich, bei alledem, mit welchem Freimut Lessing – ständig, als Dramatiker und Publizist, von der Zensur bedroht – sein oberstes Kunstprinzip artikulierte: Wage zu zweifeln, vertraue keiner Autorität, »Glauben« verdient allein die Vernunft.
»Paß auf, Leser: hingeschaut und den Verstand benutzt, Publikum« – unter diesen Aspekten führte Lessing seine Gegenspieler vor – Kontrahenten, die er, der Zeitungs-Kritiker, in Theaterfiguren verwandelte: in Menschen, die dahindösen, Wasser trinken, zornentbrannt um sich schlagen – immer auf der Flucht vor dem einen übermächtigen Gegner, der sie nicht losläßt, auf sie einredet, mit ihnen selbst und mit ihrer Umgebung spricht (einmal sogar mit dem Pferd eines Attackierten). Zermalmende Beredsamkeit hat Friedrich Schlegel die Lessingsche Technik des Vorführens und Zitierens genannt, dies Wort- und Satz-Aufspießen und dies In-Anführungszeichen-Setzen gegnerischer Thesen, das er wie kein zweiter beherrschte. Erst wird zitiert, dann das Gesagte, im

Gegenentwurf, vom Kopf auf die Füße gestellt: »Herr Klotz klagt mich an, meine antiquarischen Briefe mehr gegen Ihn, als gegen sein Buch gerichtet zu haben, welches ›aus den persönlichen Beleidigungen, den Zudringlichkeiten, dem Stil, der oft mehr als blos satyrisch sey, kurz aus dem Tone erhelle, welcher uns, wider unseren Willen, an den Verfasser des Vademecum für Herrn Lange zu denken zwinge‹. *Persönliche Beleidigungen!* Hr. Klotz klagt über persönliche Beleidigungen! Herr Klotz! ... Er zeige mir eine, und ich will kommen und sie ihm fußfällig abbitten! ... *Zudringlichkeiten!* Ich habe mir nur eine vorzuwerfen ... das ... Lob, welches ich Herrn Klotz (im Laokoon) ertheilte, mußte ihn mir freylich auf den Hals ziehen. *Der Stil, der oft mehr als blos satyrisch ist!* Es tut mir leid, wenn mein Stil irgendwo blos satyrisch ist. Meinem Vorsatz nach, soll er allezeit mehr als satyrisch seyn. Und was soll er mehr seyn, als satyrisch? Treffend. *Der Ton, welcher an das Vademecum für Hr. Langen zu denken zwinget.* – Nun denn? Aber zu wessen Beschämung wird diese erzwungene Erinnerung gereichen? Zu meiner? Was kann ich dafür, daß sein Buch ebenso kindische Schnitzer hat, als der Langesche Horaz? Kurz, von allen diesen Vorwürfen bleibt nichts, als höchstens der Skrupel, ob es nicht besser gewesen wäre, etwas säuberlicher mit dem Hrn. Klotz zu verfahren? – – – Aber Höflichkeit ist keine Pflicht ... Hingegen zum Besten der Mehrern, freymüthig zu sein, ist Pflicht ... Wenn ich Kunstrichter wäre, wenn ich mir getraute, das Kunstrichterschild aushengen zu können: so würde meine Tonleiter diese sein: Gelinde und schmeichelnd gegen den Anfänger; mit Bewunderung zweifelnd, mit Zweifeln bewundernd gegen den

Meister; abschreckend und positiv gegen den Stümper; höhnisch gegen den Prahler; und so bitter als möglich, gegen den Cabalenmacher.«

Da haben wir, auf einer einzigen Seite, den Kritiker Lessing *in nuce:* Erst, aus der Defensiv-Position des Zitators heraus vorgeführt, der Text des Inkriminierten; dann die Wort-für-Wort-Widerlegung, die, Schritt um Schritt, zur Begründung des puren Gegenteils führt, und schließlich – weit über den Anlaß hinausführend: den Detail-Fall ins Exemplarisch-Grundsätzliche wendend – die These, daß der Kritiker seine Diktion nach dem Rang der jeweils behandelten Autoren einrichten müsse: »Der Kunstrichter, der gegen alle nur einen Ton hat, hätte besser gar keinen.« Dabei will freilich nicht vergessen sein, daß Lessing selbst diese seine Maxime *in praxi* ganz und gar nicht befolgt hat: Anfänger, Gesellen und Meister, irgendein Kramer und irgendein Dusch wurden in der gleichen Manier wie Wieland und Klopstock an den Pranger gestellt – und dies vor allem auf zweierlei Weise, durch imitatorische Inhaltsangaben und durch Nacherzählen im Stil des Attackierten.

Einerlei, ob Lessing Wielandsche Sentimentalität durch eine refrainartige Litanei dem Gelächter preisgibt (»Die Johanna Gray ist ein liebes frommes Mädchen; die Lady Suffolk ist eine liebe fromme Mutter; der Herzog von Suffolk ist ein lieber frommer Vater; der Lord Guilford ein lieber frommer Gemahl; sogar die Vertraute der Johanna, die Sidney, ist eine liebe fromme ... ich weiß selbst nicht was«), einerlei, ob er, wiederum im parodistisch wirkenden Litanei-Stil, die Naturbeschreibungs-Künste eines unseligen Poeten glossiert oder ob er selbst – bestrebt, einen Schwätzer zu verspotten, bei dessen labyrinthischen Perioden »man dreimal Atem holen muß, ehe man einen Sinn fassen kann« – aus purer Lust an spaßhaftem Zurschaustellen in Schwätzerei und langatmiges Zitieren verfällt (»Gott sei Dank, wir sehen wieder Land«, heißt es zu Recht, kaum sind die Anführungszeichen gesetzt, und dann, mit dem typisch Lessingschen Zynismus, immer an der Grenze zur Selbstironie: »Was sagen Sie dazu? Gibt es bei allen guten und schlechten Skribenten wohl ein ähnliches Exempel, wo man, über das Gleichnis, die Sache selbst so weit aus dem Gesichte verliert?«) ... einerlei, ob Lessing nun, stilgetreu, einen klassizistischen Plot karikiert oder ob er sich, stets mit dem Blick aufs Publikum (»Wie? Noch längere Sätze? Aber gerne! Stehe ganz zur Verfügung!«), über die Schreibweise seiner Opfer belustigt (»Und die Sprache des Herrn Wielands? Er verlernt seine Sprache in der Schweiz.« Oder: »Den Übersetzer bittet die deutsche Sprache durch uns, ja nichts wieder zu übersetzen, bis er wenigstens den Unterschied zwischen mir und mich gelernt hat«) ... einerlei, einerlei: wie – und wen – immer der Zeitungsmann Gotthold Ephraim Lessing auch kritisiert: in jedem Fall werden die Grenzen zwischen prosaischer und dramatisch-szenischer Manier gesprengt.

Gesprengt von einem Puppenspieler, der, während er seine Marionetten tanzen läßt, Dialoge mit dem Publikum führt: *Bald vergesse ich, an wen ich schreibe. – Nun aber wieder zu Ihnen. Rede ich einem anderen? – Ja, da haben Sie recht.* Hier gewinnen Denkoperationen, mit Hilfe der Antithesen (»Barmherziger Gott! Unbarmherziger Priester!«), in Bühnen-Sätzen Anschaulichkeit; hier geht man mit Beweisen wie mit Requisiten um und

verwandelt den gelehrten Diskurs über Übersetzungs-Probleme in einen Lustspiel-Part auf offener Szene: »Ein Glas frisches Brunnenwasser, die Wallung ihres kochenden Geblüts ein wenig niederzuschlagen, wird ihnen dienlich sein«, ruft Lessing dem gezüchtigten Pastor und Horazübersetzer aus Laublingen zu, »*noch* eines, Herr Pastor«. (Dann zwei lange Bindestriche, die auf den wassertrinkenden Gottesmann und den ihm zuschauenden criticus Lessing verweisen: auch der Leser sieht der Genreszene zu.) »Und nun lassen Sie uns anfangen.«
Das ist ein Katz-und-Maus-Spiel, in der Tat, das ist Kritik, die gelegentlich bis zur Vivisektion geht, zum baren Zynismus – und trotzdem, so gnadenlos sich dieses Hinrichten auf offener Bühne auch gibt – es geht immer um Exekutionen von Werken und Literaten (und meistens von solchen, die sich selbst überschätzten), und es geht nie um die Person und den Charakter. In keinem Augenblick hat Lessing gegen jenes Prinzip verstoßen, das er im 56. antiquarischen Brief mit den Worten beschrieb: »Sobald der Kunstrichter verrät, daß er von seinem Autor mehr weiß als ihm die Schriften desselben sagen können, sobald er sich aus dieser näheren Kenntnis des geringsten nachteiligen Zuges wider ihn bedienet: sogleich wird sein Tadel persönliche Beleidigung. Er höret auf, Kunstrichter zu sein und wird das Verächtlichste, was ein vernünftiges Geschöpf werden kann. Anschwärzer und Pasquillant.«
Einen Gegner, wie Heine es im Fall Platen tat, und auch im Fall Börne, nicht als literarischen Widersacher, sondern als suspekten Charakter zu attackieren (suspekt zumal in eroticis), das war Lessings Sache nicht. Wäre Klotz wie Platen gewesen: Der Hamburger Kritiker, wir

dürfen dessen sicher sein, hätte darüber geschwiegen und keine polemischen Rezensionen geschrieben, keine jener Traktat-Invektiven, die sich wie halbierte Dialoge ausnehmen, Dialoge, in denen – das ist Lessings Technik des Paradoxen! – der Witz ans Herz und die poetische Metapher an den Verstand appelliert.

Rhetorisch geschult wie Lessing war, übertrug der Zeitungsschreiber aus Kamenz jene Kunst der Überredung ins Schriftliche, die auf der *Doppel*strategie, dem Einsatz von Begriff *und* Bild, beruht. Wenn Francis Bacon es als die wichtigste Aufgabe des Philosophen bezeichnete, den Kampf, der in der menschlichen Seele zwischen Gefühls-Affekten und Verstandes-Kräften tobe, dadurch zu entscheiden, daß er die zwischen beiden Bereichen vermittelnde Phantasie ins Lager der Vernunft triebe: wenn Bacon der Imagination die Schlüsselposition auf dem Kampfplatz der Seele zuerkannt hat, dann ist Lessing, der Bilder-Denker, in Bacons Bahnen weitergegangen, indem er die Schönheit, die Bildlichkeit des Ästhetischen, um der Vernunft willen, in den Dienst der Klarheit gestellt hat – und dies auf dem Gebiet der Kritik so gut wie auf dem Feld der Poesie.

Die gleiche Technik hüben und drüben! Ein Salto mortale zu Beginn der Stücke (»Die Post ist also noch nicht da?« oder: »Schurke von einem Wirt! Du, uns? Frisch, Bruder! Schlag zu!« oder: »Klagen, nichts als Klagen, Bittschriften, nichts als Bittschriften, und man beneidet uns noch«) und ein Salto mortale auch zu Beginn der Traktate: *medias in res* gegangen, alleweil! »Herr Klotz« – erster Brief antiquarischen Inhalts – »soll mich eines unverzeihlichen Fehlers überwiesen haben . . . Mich eines Fehlers? Das kann sehr leicht sein. Aber eines unverzeih-

lichen? Das sollte mir leid tun ... nicht meinetwegen, der ich ihn begangen hätte: als derentwegen, die ihn mir nicht verzeihen wollten. Denn es wäre ja doch nur ein Fehler –, Fehler schließen Vorsatz und Tücke aus, und daher müssen alle Fehler allen zu verzeihen sein. Doch, gewisse Rezensenten haben ihre eigene Sprache.«
Ein, zwei Sätze, und schon ist man mitten im Spiel, wird zugeschlagen, losgelassen und erneut zugepackt, werden Fluchtwege eröffnet, die sich sehr schnell als Fallen erweisen – und schließlich schnappt er zu, der Mann, von dem einer, der es wissen mußte, Heinrich Heine, gesagt hat: »Sein Witz war kein kleines französisches Windhündchen; sein Witz war vielmehr ein großer deutscher Kater, der mit der Maus spielt, ehe er sie würgt.«
Freilich, bei aller Bewunderung der Eleganz Lessingscher Exekutionen sei nicht vergessen, daß gewisse Hiebe nicht dem Reglement des Fair play folgten, sondern schlichtweg – Tiefschläge waren. Und Bumerangs dazu! Hätte der Geheimrat Klotz, der sich in den ›Briefen antiquarischen Inhalts‹, dieser Zeitungs-Kampfschrift für den Augenblick, für Zeit und Ewigkeit erledigt sieht ... hätte er Lessings Schriften ein wenig genauer studiert (freilich, wie wäre ihm das möglich gewesen? Es waren ja meistens fliegende Blätter) – er hätte sich besser zu wehren gewußt, als Lessing ihm mit erhobenem Zeigefinger den Lapsus *unverzeihlicher Fehler* vorhielt: »Sie schreiben, Magister Lessing, gewisse Rezensenten hätten ihre eigene Sprache: Nun freilich, da haben Sie recht« (hätte Professor Klotz, ganz im Lessingschen Stil, antworten können), »aber gewiß doch, lesen Sie nur nach, was ein gewisser criticus, die Übersetzung eines Schriftstellers namens Bergmann betreffend, im

vierten Literaturbrief angemerkt hat: ›So viele Zeilen, so viele unverzeihliche Fehler‹, schreibt der Rezensent über die Bergmannsche Übersetzung der Bolingbrokeschen ‘Letters on the study and use of history’ – und dieser Rezensent heißt ... Gotthold Ephraim Lessing: ›Doch, gewisse Rezensenten haben ihre eigene Sprache.‹«
Nun, der Journalist Lessing hatte sie wirklich, in positivem Sinn, diese eigene Sprache, die geprägt ist von Scharfsinn und kolloquialer Manier, einerseits traktathaft und streng, rationalistisch in kartesianischer Weise, andererseits Spaziergängerprosa, mündlich akzentuiert: eher dem Geist der Causerie als dem Gesetz der Logik untertan: Plauderprosa, die vom Hundertsten ins Tausendste kommt, Abschweifungen, Einschübe, Selbst-Korrekturen macht. »Im Sprechen«, hat Lessing gesagt, »kann man sich alle Augenblicke korrigieren, welches im Schreiben nicht angeht«: deshalb der mündliche Tenor der Lessingschen Zeitungs-Schriften, ihr Brief- und Dialog-Charakter; deshalb die Theater-Diktion der Prosa, der die Paragraphen- und Formel-Diktion eines journalistischen Predigers gegenübersteht, der einen Satz aus dem anderen entwickelt und seine Traktate, wir haben's gesehen, in Sentenzen einmünden läßt.
Die berühmten Lessingschen Maximen (»Malerei = Körper im Raum, Poesie = Handlungen in der Zeit«) sind Bonmots eines wissenschaftlichen Feuilletonisten, der, klüger und, vor allem, witziger als seine gelehrt-pedantischen Gegner, den Kontrahenten mit Vorliebe Verstöße gegen die Gebote der Logik ankreidet – »Ihr Kopf, Herr Pastor, war eben wärmer als helle« – und seine Gedanken wie in einem Akt des Laut-Denkens geäußerte operationes spirituales (These, Konsequenz, Begründung,

Schluß-Beweis) aufbaut: »Ich würde in diese trockene Schlußkette weniger Vertrauen setzen, wenn sie nicht durch die Praxis Homers bestätigt würde« – das ist ein Satz aus einem kunsthistorischen Traktat, der jenes Streben nach verbaler Präzision und einem Höchstmaß von begrifflicher Schärfe erhellt, das auch die Dramenfiguren vom Schlage des Fräulein von Barnhelm bestimmt.
Hier wie dort geht es um Wort-, Satz- und Sprach-Kritik im Sinne einer dramatischen Schaustellung, um Philologie als szenisches Spektakel – um popularisierende Problem-Zubereitung also. Indem Lessing, dieser aufklärerisch gesinnte Journalist, seine Gegner beutelt und malträtiert: ihnen einflüsternd, was sie eigentlich hätten sagen müssen ... indem er die gegebene Konstellation an denkbaren Kombinationen mißt, zeigt er, Satz für Satz, auf, daß die Welt veränderbar und nicht auf jene Dogmen und – vermeintlich rational gesicherten – Offenbarungs-Wahrheiten eingeschworen ist, die Lessing, seinem großen Vorbild Pierre Bayle folgend, als reversibel darstellen wollte.
Darum der Kampf des Dramatikers, Pamphletisten und Rezensenten (der Kampf des Publizisten, der sich der beiden einflußreichsten Medien bediente, die es im Deutschland der Aufklärung gab: des Theaters und der Gazetten) ... darum der Kampf gegen Tabus und Vorurteile, die als gesellschaftlich bedingt (und nicht als naturwüchsig!) zu erweisen Lessing nicht müde wurde: ganz im Sinne jenes Pierre Bayle, dessen unter dem Stichwort »Martin Luther« formulierter Satz der Leit- und Wahlspruch des Publizisten Lessing sein könnte: »Ich beschäftige mich hier am meisten«, so Bayle, »mit einigen von den unabsehlich wider ihn, Luther, ausge-

streuten Unwahrheiten, bey welchen nicht die geringste Wahrscheinlichkeit, auch nicht einmal die vornehmsten Regeln der Verleumdungskunst beachtet sind. Alles mit der dreisten Zuversicht hingeworfen, das Publikum werde den größten Teil dieser ungereimten, grundfalschen Behauptungen blindlings hinnehmen.«
Diese Zuversicht mit dem Mittel einer Bild-Gedanken-Prosa zu konterkarieren, die jene diffizilen Probleme ideologischer Natur (Fragen der Theologie vor allem) auf deutsch darstellt, die man vor Lessing nur in der Gelehrten-Sprache, auf lateinisch, ausdrücken konnte ... dies war das eigentliche Ziel des Publizisten Lessing, das Ziel eines Mannes, der, in der Zeitung und auf der Bühne, erreicht hat, daß der »Kreis des allgemein Verständlichen« (so Friedrich Schlegel) sich durch solche Universal-Kritik erweiterte wie niemals vor ihm.
Und auch niemals danach.

# Theologie und Theater

»Wenn man mir mit Recht den Titel eines deutschen Molière beilegen könnte, so könnte ich gewiß eines ewigen Namens versichert sein.« Das sind keine Sätze eines erfahrenen, in seiner Kunst vielfach erprobten Dramatikers – hier nimmt ein zwanzigjähriger Student der Medizin und Philologie künftigen Lorbeer vorweg; hier sucht sich ein üblen Umgangs und erheblicher Schuldenmacherei bezichtigter junger Mann vor der väterlichen Autorität des Pastor Primarius Johann Gottfried Lessing zu rechtfertigen: »Den Beweis, warum ein Komödienschreiber kein guter Christ sein könne, kann ich nicht ergründen . . . Darf denn ein Christ nicht über die Laster lachen? Verdienen die Laster so viel Hochachtung? Und wenn ich Ihnen nun gar verspräche, eine Komödie zu machen, die nicht nur die Herren Theologen lesen, sondern auch loben sollten?«

Theologie und Theater; Lustspiel und Gottesgelehrsamkeit; Didaktik mit Hilfe von Amüsement und szenischem Witz: Der Brief des naseweisen Studenten, geschrieben in Berlin, am 28. April 1749, definiert ein Lebensprogramm: Vom ›Freigeist‹, den der Sohn seinem Vater als eine Art von Kampfansage gegen alle Verächter des Pfarrer-Standes annonciert, bis hin zum ›Nathan‹, dem Traktat über Religion und Kommerz, ist Lessing jener Devise seiner Jugend treu geblieben, die da besagt: Horaz und alle seine Nachfahren irren, wenn sie das Unterhaltsame vom Sentenziösen und den Spaß von der Belehrung lösen. Auf die Durchdringung und Verbindung beider Elemente, aufs Wechselspiel von Scherz und

Tiefsinn kommt es an; und dieses Ziel vor Augen hat der erste große Stückeschreiber der Nation alles, was in seinen Kräften stand, daran gesetzt, um dem Theater in Deutschland die Würde einer Shakespeare-Bühne zu geben – einer Bühne, auf der Hamlets Meditation *to be or not to be* ebenso artikuliert werden konnte, wie die Totengräberscherze und die Slapsticks der Narren: einer Bühne, die, Szene und Kanzel zugleich, das Gegenbild zu jenem realen Theater der Lessing-Zeit sein sollte, dessen Verkommenheit und tristes Elend nicht kraß genug dargestellt werden kann.

Während die Oper florierte, ganze Stäbe von Maschinisten technische Wunderwerke besorgten, von Höllenerscheinungen bis hin zu rauschenden Wasserfällen; während die Solo-Tänzerinnen Ministergagen bezogen und Ärzte-Gruppen zur Versorgung der beim Bau der Opernhäuser verunglückten Handwerker eingesetzt wurden, spielten, Ausnahmen bestätigen die Regel, die Sprechbühnen-Darsteller in Scheunen, Privathäusern, Bretterbuden und Schenken: oft, Seit an Seit mit Degenschluckern, Akrobaten und Clowns, auch auf dem Jahrmarkt – kein Wunder also, daß es, um ein Beispiel zu nennen, unter den Gourmets der hanseatischen Society zu Äußerungen der entschiedensten Mißbilligung kam, als, anno 1738, Caroline Neuber das Hamburger Opernhaus mietete: eine Prinzipalin, deren Truppe bis dahin in der Fuhlentwiete gespielt hatte – in einer Bude, die gerade ausreichte, die notwendigsten Kulissen unterzubringen: ein Zimmer, eine Gasse, ein Gefängnis und einen Wald, der allenfalls auch als Garten durchgehen mochte. Und mittendrin die Schauspieler – wenn's welche waren, und nicht nur Handwerksburschen (»liederliche Pursche« wie sie genannt wurden) oder Studenten (»relegiert und unvollendet«), die, vor die Wahl Soldat oder Mime gestellt, sich für den Akteur entschieden hatten, um auf diese Weise, wenn auch die Gage kläglich war, zumindest mit Hilfe von Extras ihr Leben fristen zu können: Ein Sprung ins Wasser brachte immerhin einen Taler, eine gesungene Arie und ein Salto vom Felsen herab ebensoviel, eine Tracht Prügel – empfangen natürlich, nicht ausgeteilt – immerhin noch 34 Kreuzer, die gleiche Summe fürs Begossenwerden auf offener Szene.

Einmal in die Luft gesprungen, zwei Ohrfeigen erhalten, einen Fußtritt bekommen, dreimal verkleidet: *So* pflegten die Schauspieler zu rechnen, die im ›Jungen Gelehrten‹ oder der ›Miss Sara Sampson‹ auftraten ... Schauspieler, die, zumal in den großen Städten, kaum mehr als geduldete Geldbringer waren, fahrendes Volk, das sich zudem einem strikten Reglement ausgesetzt sah.

*Sonntags nie* war nur eins der rigiden Gebote, ja, selbst am Sonnabend wünschten Gemeinden wie die bibeltreuen Hamburger keine Theater-Aufführung – die Begeisterung des großen Friedrich Ludwig Schröder ist also begreiflich, als er Patriziat und Senat anno 1777 den ersten Sonnabend seit der Reformation abtrotzen konnte, an dem in Hamburg Theater gespielt werden durfte ... aber was für ein Theater! Da kamen Stücke zur Darbietung, die mit fünf Proben und zehn Tagen Memorier-Zeit schon als solide vorbereitet galten; da verfolgte, von den »Umläufern« in den Lokalen angelockt, ein Publikum bei hellem Licht das Spiel, das sich, auf Logen (den Platz der gelangweilten *nobilité*), Parterre (die Lokalität der Kenner) und Galerie (den Olymp des Volkes) verteilt, nur in Ausnahmefällen von jenen gebildeten Männern beherrscht sah, von denen es in einer zeitgenössischen Chronik, Schützes Hamburgischer Theatergeschichte, heißt: »Sie hatten sich zum täglichen Theaterbesuch, zur Stimmengebung während und nach den Vorstellungen, Beifallgebung und Verwerfung im Stücke, zur Beförderung der Sitte und Ordnung im Schauspiele miteinander verbunden.«

Die Wahrheit, so ist zu befürchten, sah ein wenig anders aus; denn der Theater-Alltag wurde weniger durch die Kenner als durch jene auf ein rechtes Spektakel versessenen Besucher akzentuiert – den Kapitän zum Beispiel, der, schon ein wenig angekneipt, dem in der Rolle des Just brillierenden Prinzipal Ackermann sein Punschglas mit einem dröhnenden »Ihr Wohl, Herr Wachtmeister!« entgegenhielt ... und dieser Fahrensmann mit seiner ehrlichen Begeisterung mag dem Chronisten der ›Hamburgischen Dramaturgie‹ noch erfreulicher als jene gute Gesellschaft in den Logen gewesen sein, für die das wichtigste Requisit nicht Minnas Ring, sondern der Kronleuchter im Zentrum des Theaters war, der das Gesehenwerden so viel leichter als das Zuschauen machte.

Vor solchem Publikum also wurden Lessings Dramen gespielt – kein Wunder, daß die Intendanz mit Konzessionen nicht gerade sparsam war: Emilia Galotti – gefolgt von einem Zuckerpuppenballett! Trauerfeiern, wie die für den großen Ackermann, mit theatralischem Pomp zubereitet, und dafür an Kulissen und Gewändern gespart (die Schauspieler hatten ihre Garderobe oft genug selbst zu bezahlen)! »Es sind doch sonderbare Leute, die Hamburger«, schrieb Lessing anno 1771 an Eva König,

»die lieber jeder anderen Ursache wegen in die Komödie gehen wollen, als des Geschmackes willen.«
In der Tat, das ist ein dunkles Bild ... und ein Tableau, das noch düsterer wird, wenn man bedenkt, daß es neben den Akteuren auf der Bühne und den Betrachtern im Parkett, den Logen und der Galerie noch eine dritte Gruppe gab: bestehend aus einem höchst gemischten Völkchen, das eine Lokalität bezogen hatte, die Garderobe, in deren Umkreis sich die Trennung zwischen den Akteuren und den Rezipienten aufgehoben sah: »Helfen Sie«, beschwor Friedrich Ludwig Schröder zu Beginn seiner Hamburger Prinzipalschaft die Bürger, »helfen Sie die notwendige Ordnung und Sittlichkeit dadurch zu befestigen, daß Sie die alte Gewohnheit, öfter hinter den Kulissen und in dem Anziehzimmer als im Parterre zu sein, selbst unterdrücken.«
Die Garderobe als Lustort: ein Séparée, in dem zueinandergeführt wurde, was vor dem Vorhang nur als Lokkung, Reiz und galante Verführung erschien – kein Zweifel, daß Lessings großer Gegenspieler, Johann Melchior Goeze, seine siebzehn Jahre vorher erschienene Streitschrift ›Theologische Untersuchung der Sittlichkeit der heutigen deutschen Schaubühne‹ als bestätigt und gerechtfertigt bezeichnet hätte, wäre ihm die Schrödersche Ankündigung unter die Augen gekommen.
Ein Triumph für Hammoniens Papst, den Prediger von Sankt Katharinen und – was oft vergessen wird – Ephorus des gesamten Hamburger Schulwesens: jenen wortgewaltigen Anwalt der Orthodoxie, der – nicht nur in seinem Pamphlet – wieder und wieder die comediensujets attackiert hatte, mit all ihren »listigen Liebesstreichen verheyratheter und unverheyratheter Personen«

und jener Unzahl von Betrügereien, »mit welchen die Väter von ihren Kindern, die Männer von ihren Frauen, die Frauen von ihren Männern hintergangen werden«. Wollte man Goeze glauben, dann gehörte selbst ein Molière zu den verdammenswertesten Lehrern des Lasters: »Ich glaube nicht«, rief der Seelsorger aus, »daß Voltaire mit verschiedenen Aufsätzen, in welchen sich die Frechheit und Bosheit des Satans in ihrer höchsten Größe zeigt, ja welche der Satan selbst zu verfertigen wenigstens nicht frech genug sein würde, so viel Schadens wie Molière getan hat.«

Kein Wunder, bei alledem, daß Goeze die Theatromanie der ihm anvertrauten Gemeinde in seinem urbi et orbi verfaßten Traktat wie einen Teufelskult anprangerte, der nicht nur den einzelnen, sondern ganze Familien ausrotten könne: den Vater, der, dank des den Besuch der Schauspiele erforderlichen Aufwands, als Bankrotteur »seine grauen Haare mit Herzeleid in die Grube hinunterbringen« müsse, den Sohn, der, von einer Comödiantin verführt, ihr zu Gefallen Religion und Wohlfahrt aufopfere und schließlich die Tochter, die, so Senior Goeze, »auf dem Theater Reizungen, Anweisungen und Gelegenheit zu einem höchst nachteiligen Liebesverständniße« finde.

Dies alles – artikuliert in einer Schrift, die, ex negativo, die oppositionelle Kraft des vorklassischen Theaters in Deutschland belegt: ihren Mut und die Entschlossenheit, wider den Stachel zu löcken ... dies alles war keine Marotte eines polternden Zeloten, dessen altvorderliche Ausfälle niemand mehr ernst nahm, nein, hier redete ein Mann, dessen Thesen durch das Gutachten einer Hohen Theologischen Fakultät zu Göttingen nicht nur abgesichert, sondern noch verstärkt wurden. Schauspiel-Besuch, hieß es in dem offiziellen, auf Goezes Ersuchen 1769 erstatteten Votum, sei pure Zeitverschwenderei – ein Vierteltag würde allein für Putz und Vorbereitung verwendet, dazu kämen die drei bis vier Stunden Spiel, »und am Ende«, rechneten die Göttinger aus, »ist man zu anderen Arbeiten unlustig, folglich werden die noch übrigen Stunden des Abends in Gesellschaft zugebracht, welche oft bis gegen Mitternacht dauret, einen längern Schlaf nothwendig und folglich den folgenden Vormittag um so viel kürzer macht«.

Und wozu das Ganze, dies totale Theater rund um die Uhr? Um ein Shakespeare-Drama zu sehen ... eins jener Stücke, das von »Nationalhaß und rachebegierigen, dem sanften Geist des Evangeliums widersprechenden Grundsätzen berste« und angefüllt mit »geilen Bildern und mit groben Zoten« sei – Ausdruck einer Kunst, die, unter dem Namen Komödie, als gefährlichste Verderberin der Jugend fungiere: »Die verbuhlte Kleidung, die frechen Stellungen, die wollüstigen Tänze, womit die Vorstellung verbunden ist: Was für Würkungen müßten wol solche Anblicke auf die Gemüter junger Personen machen, bey denen Blut und Lebens-Geister in vollem Feuer sind; bey denen der Fortpflanzungs-Trieb wohl gewiß mehr Zügel als Sporn bedarf und oft auch eine zärtlichere Pflege des Körpers schon ohnehin darauf abzielende Triebe rege macht?«

Deutsche Wirklichkeit 1770. Goethe war schon geboren, als die Hamburger Kirchenbehörde den Kandidaten der Gottesgelehrtheit ausdrücklich den Besuch von Opern und Komödien untersagte – eine Anweisung, die Johann Melchior Goeze zwei Jahrzehnte später als Trumpfkarte in seiner Auseinandersetzung mit einem nicht nur ins Theater *gehenden*, sondern, weit schlimmer, fürs Theater *dichtenden* Kollegen diente ... jenen Bergedorfer Pastor Johann Ludwig Schlosser, dessen Lustspiele zu Goezes Pamphlet und dem Votum der Göttinger führten. In der Tat, es gehörte Mut dazu, in der Mitte des 18. Jahrhunderts, um als Pfarrerssohn und Liebhaber der Theologie ausgerechnet auf dem Theater seine Predigt zu halten und damit jene strikte Trennung der Bereiche zu ignorieren, die zu verteidigen Goeze befahl, als er gegen die Kanzel- und Kathederkomödianten unter den Pfarrern polemisierte, die protestantischen »Jesuiten«, wie er sie nannte, die am Sonntag in der Kirche ihre theatralischen Schaufeste hielten.

Und dagegen nun Lessing mit seiner Grenzüberschreitung! Mit seiner Entschlossenheit, der Bühne die Würde einer Anstalt zu geben, in deren Umkreis, an der Grenze von Belehrung und Spiel, die Zentral-Fragen der Zeit analysiert und in Rede und Gegenrede veranschaulicht wurden – Fragen der Erziehung, des rechten Glaubens, der gesellschaftlichen Pflichten, der Verantwortung gegenüber der eigenen Klasse (und des Rechts, die andere, noch herrschende, zu bekämpfen), des Dienstes am Staat und, ihn transzendierend, des Dienstes an der Menschheit.

Theater – das war für Lessing das Forum, auf dem er jene ihm eigene gesellschaftlich fundierte Pädagogik betrieb, die am Beispiel von Außenseitern das Obsolete zeitbestimmender Tabus beleuchtete: Seht her, ein Jude, der die Christen beschämt! Eine Frau, die vernünftiger, präziser und witziger als die Männer zu parlieren versteht!

Vorurteile und deren Widerlegung auf dem Theater –

Widerlegung in immer neuer Variation: Wird, im Jugendwerk, der tolerante Pfarrer gegenüber dem Freigeist verteidigt, der mit seinem höfischen Tic die Aufklärung des Volkes zu verhindern sucht, so sieht sich, im Spätwerk, der jüdische Kaufmann gegenüber dem militanten Vertreter der Kirche in sein Recht gesetzt. Kein deutscher Schriftsteller, dies darf behauptet werden, ist, mit der einzigen Ausnahme Brechts, so weit in der Theatralisierung von Problemen gegangen wie Lessing – keiner hat das Abstrakte so sehr versinnlicht wie er. Über Theologie zu *parlieren*; die Frage des Wunders in einer Art von *small talk* abzuhandeln; die Dialektik von gesellschaftlicher Tätigkeit, so wie Minna oder Nathan sie verstehen, und von Eskapismus, dem *Laß, o Welt, o laß mich sein* eines Major Tellheim oder eines Derwisch Al-Hafi herauszustellen, und dies in plastisch-lebendiger Rede: Das hat allein Lessing gekonnt – und zwar, auf solche Versinnlichung des Gedankens abzielend, seiner Zeit so weit voraus, daß ihn nicht einmal ein Schiller (von Kleineren zu schweigen) verstand: die Schillersche Nathan-Bearbeitung spricht für sich selbst – die theologischen Disputationen kurzweg eliminiert und das Gerede über Geld, Kommerz und Profit gleich dazu! Nivelliert und dort zugunsten einer Mittelhöhe eingeebnet, wo Lessing Gegensätze aufeinanderprallen läßt: das hohe Pathos und die Komik, den Parabelstil und den Jargon, Fremdwort und Umgangssprache (einerseits: »Subtilitäten«, andererseits: »es klemmt«), den Vers und die Prosa, die langen Reden und, am Schluß, das stumme Bild! Die verwegensten Kombinationen gewagt, weil *eine* Maxime zeitlebens unbezweifelt blieb: Es gibt keine Diskussion der Zeit, die nicht aufs Theater transportiert werden könnte ... auf ein Theater, wie es Lessing, in enger Kooperation mit den Akteuren, Ackermann und Conrad Ekhof voran, zu realisieren versuchte – er, ein Stückeschreiber, der es sich leisten konnte, seine Personen aktelang räsonieren zu lassen, weil er, dieser Praktiker der Szene und Schauspieler-Lenker, Deklamation, Mimik und gestische Bewegung als Gegen-Elemente einzusetzen verstand: Wie einer reden mußte (laut bei lyrischen Passagen, verhalten in pathetischer Aktion), wie man, in welchem Augenblick, zu gehen, zu stampfen, zu erstarren hatte.

Die Überlegungen, die Lessing, von Ekhof, seinem alter ego, belehrt (beider Hauptziel war die Nobilitierung des Schauspiels; darum hier die ›Theatralische Bibliothek‹ und dort die Gründung einer Theater-Akademie), über das Wechselspiel von Gedanken und Aktion, moralischer Sentenz und deren szenischer Artikulation auf der Bühne anstellt, zeigen einen Mann bei der Arbeit, der sich hundert Jahre später als Dramatiker und Regisseur in Personalunion präsentiert haben würde – von welchem Rang, das beweisen die Schauspieler-Charakteristiken (wie Ekhof Maximen zur Darbietung bringt, auf welche Art und Weise Madame Hensel stirbt) in gleicher Weise wie die Szenenanweisungen der Lessingschen Stücke, die als Regiebücher und nicht als Lesedramen verstanden sein wollen. Hier steht ein Schriftsteller des 18. Jahrhunderts näher bei Brecht als bei Goethe; denn zwischen der Hamburgischen Dramaturgie und dem Entwurf einer antiaristotelischen Poetik lassen sich unter der Fragestellung »Mit welchem Aufwand an Realismus sind allgemeine Sätze auf der Bühne zu konkretisieren?« Übereinstimmungen aufzeigen; zwischen den minuziöskonkreten Erwägungen, die *actio* der Darsteller betreffend, wie sie Lessing aufstellte, und den Vorschriften des dilettierenden Theaterdirektors Goethe hingegen gibt es nicht einmal die bescheidenste Vergleichsmöglichkeit.

»Es ist äußerst fehlerhaft, wenn man die Hände entweder übereinander oder auf dem Bauche ruhend hält oder eine in die Weste oder vielleicht gar beide dahinsteckt«: Lessing hätte sich ausgeschüttet vor Lachen, bei der Lektüre des sechsundvierzigsten Paragraphen der Goetheschen ›Regeln für Schauspieler‹ – und was seine Figuren, die Zofe, den Wachtmeister, den Derwisch oder Sultan Saladin angeht, so würden sie zu Marionetten, müßten sie die Anweisung des Theaterdirektors von Goethe befolgen: »Die Hand ... muß weder eine Faust machen, noch wie beim Soldaten mit ihrer ganzen Fläche am Schenkel liegen, sondern die Finger müssen halb gebogen, teils gerade, aber nur nicht gezwungen gehalten werden.« Sätze wie diese belegen nicht minder exakt als die Schillersche Nathan-Bearbeitung, wie folgenlos Lessing nach seinem Tod geblieben ist: ein Anti-Klassiker, der, mutatis mutandis, dem Sturm-und-Drang weit näher als dem Weimarer Hof stand. (Wie nah liegt Wolfenbüttel geographisch bei Weimar – und zu gleicher Zeit wie fern: undenkbar, daß man Lessing gebeten hätte, in Tiefurt oder am Frauenplan, ein paar Kilometer weiter nach Osten zu ziehen.)

Ein alter Komödiant am Musenhof? Ein Mann, der Schauspielern vorsprechen konnte, wie sie den Text darbieten sollten, ein verhinderter Impresario, der gelegentlich davon träumte, mit einer Truppe durch die Lande zu ziehen und seine eigenen Stücke zu inszenieren – nach

Weimar hätte er zu keiner Zeit gepaßt, nicht in die Stadt der feudalen Genies und nicht in den Wallfahrtsort nach der Jahrhundertwende.

Aber wohin sonst hätte er gehen sollen, in Deutschland, ein oder zwei Jahrzehnte vor der Französischen Revolution, die in ihm den einzig fähigen Interpreten gehabt hätte? (Wäre er zehn Jahre später gestorben: die deutsche Literatur des Vormärz hätte ihren Fixpunkt gehabt.)

Ja, wohin sollte er gehen? Er, dessen Wesen es ausmachte, in entschiedener und unaufhebbarer Opposition zu seiner Epoche zu stehen: in Gegnerschaft zu Gottsched, aber, bei aller Bewunderung, auch in Gegnerschaft zu Goethe; in Gegnerschaft zur Weltanschauung seiner Zeit, bestimmt durch die Orthodoxie und die Schule der zwischen Offenbarung und Vernunft vermittelnden Neologen, und in Gegnerschaft zum Regiment des Staats, der ihm mit Mißachtung, Ignoranz und, am Ende, Publikationsverbot begegnet ist.

Und abermals: die Folgelosigkeit! Ein Jahr vor Lessings Tod publizierte Friedrich II. von Preußen seine Streitschrift über die deutsche Literatur, in der von Shakespeares Dramen lapidar behauptet wird, sie seien »nur würdig, vor den Wilden von Canada gespielt zu werden«: »Lächerliche Farcen! ... Bald erscheinen in denselben Lastträger und Totengräber und reden, wie es sich für sie schickt. Dann kommen Königinnen und Prinzen. Wie ist es möglich, daß ein so wunderliches Gemisch von Großem und Niedrigem, von Tragischem und Harlequinpossen gefallen und rühren könne?«

Als hätte Lessing nie gelebt! Als hätte er, in der Attacke gegen jenen Gottsched, der die Großen der Welt aus den Komödien heraushalten wollte, »weil es wider die Ehrerbietung läuft, die man ihnen schuldig ist, sie als auslachenswürdig vorzustellen« ... als hätte er nie jene jahrhundertelang gültige Standesklausel gesprengt, die, im Angesicht der Großen, nur Bewunderung und Schrecken und, im Angesicht der Kleinen, nur die Rührung und das Lachen legitim sein läßt.

Als hätte er nie ein Theater geschaffen, in dem jedermann alles gehört: wo die Zofe weise und der Inquisitor lächerlich sein darf, der Jude rechtschaffen und der Soldat ein Ehrenmann. Wenn es so etwas wie ein Grundprinzip in Lessings Arbeit gibt, dann ist es der Wille, jeder Form von Tabuisierung (eines Problems, eines Stands, einer Rasse) Paroli zu bieten, gepaart mit dem Entschluß, sich bei diesem Kampf, was die Art und Weise des Disputs betrifft, Experimente zu gestatten, wie sie vor ihm niemand riskiert hat. Nicht nur, daß er von Wandertruppen in Wirtshäusern seine philosophischen Debatten mit ihren Paradoxen, Wortspielen und blitzenden Repliken vortragen ließ – er wagte es auch, gelehrte Streitschriften wie Theaterstücke zu konstruieren, lange Monologe, die, publikumsbezogen und intentional bis hin zur Interpunktion, durch Parabeln, Bilder und imaginäre Gespräche zäsuriert, am Ende zu dialogischen Kunstwerken wurden: Artefakten à la Lessing, in denen Konjunktionen, Präpositionen, Appositionen wie Bühnenfiguren agieren, das *auch* mit dem *darum*, das *denn* mit dem *obschon* disputiert, während der Autor – auch er eine Person des Theaters, die sich mit ihrem Kontrahenten auf offener Szene entzweit – die Melodie dazu pfeift: »Mit (einem) Dolche kommen Sie auf mich eingerannt, und ich soll mich nicht anders, als den Hut in der Hand, gegen Sie verteidigen können? soll ganz ruhig und bedächtig stehen bleiben, damit ja nicht Ihr schwarzer Rock bestaubt werde? soll jeden Atemzug so mäßigen, daß ja Ihre Perrucke den Puder nicht verliere? Sie schreien über den Hund, ›er ist toll!‹ wohl wissend, was die Jungen auf der Gasse daraus folgern: und der arme Hund soll gegen Sie auch nicht einmal blaffen? blaffend Sie nicht Lügen strafen? Ihnen nicht die Zähne weisen? Das wäre doch sonderbar.« Da wirbelt der Bühnenstaub auf, die Kostüme, Gelehrtenrock und Priesterhabit, schleifen über den Boden, der Attackierte dringt auf den Angreifer ein, der Aggressor zückt seinen Dolch – und schon ist aus einem Traktat über specialissima der Theologie ein Paradestück aus einem Mantel-und-Degen-Drama geworden.

*Von der Kanzel auf das Theater zu kommen:* Die bis zur Formel zugespitzte Wendung zeigt an, wie kurz der Weg herüber und hinüber war; kein Zweifel, daß es mehr als Spaß am Aperçu verrät, wenn Lessing im Angesicht der katholischen Kirche, die sein Preußenkönig neben dem Opernhaus erbauen ließ, sich an die Sentenz des Statius, eines römischen Dichters, erinnert: »Der Standort ist des Werkes würdig.«

Unter diesen Aspekten ist die Einteilung des Lessingschen Werks in Dramen hier und in gelehrte Schriften dort eine Absurdität; denn auch die Anti-Goeze-Pamphlete und ›Ernst und Falk, Gespräche für Freimäurer‹ erst recht! – sind wenn nicht Dramen, so doch dramatoide Etüden: Entwürfe eines Aufklärers, der die Spielform nicht nur wählte, weil sie seinem Talent entsprach, in Gegensätzen zu denken, und zugleich mit weißen und schwarzen Steinen zu operieren, sondern weil allein das Spiel ihm die Möglichkeit gab, an Stelle des verhaßten

»auf diese Art und nicht anders« sein »vielleicht eher so« zu formulieren und dem Leser, besser: dem Zuschauer der von ihm inszenierten Spektakel, Lösungs-Möglichkeiten, aber, niemals, ein Resultat anzubieten und so jene Rolle zu spielen, die Lessing, im Traktat ›Die Erziehung des Menschengeschlechts‹ den beiden anderen Pädagogen, Gott und Jesus Christus zuweist: Anstöße zu geben, Räder in Bewegung zu setzen und derart jene Kräfte der Vernunft zu entbinden, die sich, sind sie erst einmal aus ihrem Stillstand geführt, selbständig, keines zweiten Impulses bedürftig, entfalten.
Lessings rhetorische Leit-Figur ist die Frage – mit welcher Ausschließlichkeit, das zeigt jene Schrift, ›Die Erziehung des Menschengeschlechts‹, die, nach Paragraphen geordnet, wie keine zweite Lessingsche Arbeit, auf strikte Definitionen und widerspruchsfreie Thesen hin angelegt ist ... aber eben nur *angelegt*; denn je weiter der Diskurs voranschreitet, desto dramatischer werden, wiederum in Spruch und Widerspruch zerteilt, die Antithesen, und je deutlicher das Ende abzusehen ist, desto stärker wachsen, durch Fragezeichen verdeutlicht, die Zweifel, bis sich am Ende, in den drei Schlußparagraphen, die Erwägungen überstürzen – lauter Fragen und keine Antwort! – um sich, wie die Akteure bei einem Kehraus auf dem Theater, vom Leser zu verabschieden (möge *er* jetzt entscheiden!): »Warum sollte ich nicht so oft wiederkommen, als ich neue Kenntnisse, neue Fertigkeiten zu erlangen geschickt bin? Bringe ich (denn) auf einmal so viel weg, daß es der Mühe wiederzukommen etwa nicht lohnet? Darum nicht? Oder weil ich vergesse, daß ich schon dagewesen? ... Oder, weil so zu viel Zeit für mich verloren gehen würde? – Verloren? – Und was

habe ich denn zu versäumen? Ist nicht die ganze Ewigkeit mein?«

*Den Vorhang zu und alle Fragen offen:* Nicht nur die späten Traktate, die ›Erziehung des Menschengeschlechts‹ und die fünf Freimäurer-Gespräche haben Rätsel-Charakter, weil hier eine These zurücknimmt (oder zumindest, auf neuer Ebene, relativiert), was die andere, ihr vorausgehend, scheinbar abgesichert hat – auch die Dramen im eigentlichen Sinn, ›Philotas‹, ›Emilia Galotti‹ und ›Nathan der Weise‹ voran, sind, in ihrer Widersprüchlichkeit, »offene« Stücke: Emilia, das klassische Trauerspiel, ist, mitsamt seinem Lustspiel-Personal, dem knorrigen Alten, der heimlich kuppelnden Mutter und dem Hochzeitspaar, das zueinander nicht findet, eine versteckte Komödie. ›Philotas‹, vermeintlich ein Lobgesang auf Heldentum und Patriotismus, erweist sich bei genauerem Hinsehn als Widerlegung jener Herren-Moral, die, um der Selbstverwirklichung des einzelnen willen, das Elend eines ganzen Volkes in Kauf nimmt: »Ich bin Sohn und Soldat und habe weiter keine Einsicht, als die Einsicht meines Vaters und meines Feldherrn.« Nein, das ist nicht die Sprache einer Figur nach Lessings Geschmack; da redet ein junger Mann so borniert und in Stereotypen befangen, wie es später, im ›Nathan‹, der Patriarch tun wird; da manifestiert sich eine Haltung, Patriotismus in der Form des Selbstkults, die Lessing ad absurdum führt, indem er sie bis zu ihren letzten Konsequenzen durchdenkt: »Ich habe von der Liebe des Vaterlandes«, schrieb er im Februar 1759 an seinen Freund Gleim, »keinen Begriff, und sie scheint mir aufs höchste eine heroische Schwachheit, die ich recht gern entbehre.« (›Philotas‹: die Tragikomödie einer *heroischen Schwachheit* – was Lessing im Stück verschweigt, die Quintessenz der Moritat, sagt er im Brief.)

Und endlich, das Rätsel der Rätsel, ›Nathan der Weise‹, dieses Junggesellenstück, wie Rudolf Borchardt ein Drama treffend genannt hat, das von Hagestolzen und von späten Mädchen strotzt und mit einem familiären Tableau schließt: Ist das wirklich ein Stück der Versöhnung, eine *tiefernste*, weil von Pogrom, Fanatismus und Mordplänen handelnde *Komödie*, in ihrem Gegeneinander von Heiterkeit und Melancholie, dem Wechselspiel zwischen dem Listig-Weisen und dem Unvernünftig-Bornierten? Nathan: der Shylock des Humanitäts-Zeitalters – ein Jude, der sich dem Advokaten der »christlichen Religion« gegenüber als wahrer Anwalt der »Religion Christi« erweist? Aber wenn das so ist – und Nathans Sache wirklich triumphiert! –: Warum dann das große Schweigen am Schluß? Das Zurücktreten Nathans – jenes mächtigen Redners und Räderbewegers, der fünf Akte lang das Spiel nach seinem Willen gelenkt hat? Doch zu welchem Ende? Ist es ein Zufall, daß Lessing an die Stelle der Hochzeits-Vision, wie sie in den Entwürfen sichtbar wird, ein platonisches Bruder-Schwester-, Onkel-Neffe-Tante-Finale gesetzt hat: aus und vorbei und keine Weiterungen mehr, und weder Kinder noch Enkel, die für die Realität jenes dritten Zeitalters stehen, das der bürgerliche Aufklärer aus Wolfenbüttel im ›Nathan‹ und in der ›Erziehung des Menschengeschlechts‹ – in einem seiner vielen Doppel-Entwürfe unterschiedlicher Form – antizipiert?

Ein seltsames Schauspiel fürwahr: Ausgerechnet der größte Rationalist unter den deutschen Schriftstellern

seines Jahrhunderts gibt den Lesern – und der gelehrten Forschung! – noch heute Rätsel auf, deren Lösung weitere Rätsel ergeben. (Im übrigen wird auch die hundertste Studie nicht beweisen können, ob Emilia Galotti ihrem Verführer nun wirklich insgeheim zugetan war oder nicht; und was die Jahrhundertfrage angeht, die Dialektik von Vernunft und Offenbarung, so wird sie bleiben, was sie ist – ein Problem.)
Vergessen wir nie: So sicher Lessing seiner Stoffe war – er, der nur das beschrieb, was er aus leibhaftiger Anschauung sehr genau kannte: den gelehrten Schulbetrieb oder die herumziehenden preußischen Freibataillone oder was ihm, dank intensiver Studien, als verbesserungswürdige literarische Vorlage erschien: ein Plautus-Stück, eine Boccaccio-Parabel, ein Drama von Lillo ... so exakt er also die Materialien beherrschte und so penibel er in der Ausführung war, so nonchalant zeigte er sich, wenn es am Ende darum ging, ein Fazit zu ziehen.
*Resultat:* Das ist kein Lessing-Wort. Hier wollte einer – so wie zweihundert Jahre später Bertolt Brecht! – Vorschläge machen, Probleme aufwerfen und zu Ende denken, was zu seiner Zeit nicht einmal ansatzweise durchdacht werden durfte. Hier ging einer daran – Gymnastik hat das Lessing genannt –, mit Möglichkeiten zu spielen, Alternativen zur Diskussion zu stellen, Modelle zu entwerfen ... und bei alledem eine Disputationsform zu erneuern, wie sie, in Wolfenbüttel als Nothelfer verehrt, jener Sokrates begründete, dessen Erziehungs-Maxime es war, die Opponenten so lange, von Aporie zu Aporie, in die Enge zu treiben, bis sie am Ende kapitulierten, aber des Rätsels Lösung nicht zu verraten:

es sei denn in metaphorischer Umschreibung und bildlich-mystischer Rede, der entzückten Prophetie – »Schwärmerei«, wie Lessing sagt, an der Grenze des Zweifels.

In der Tat, die Verbindung von Märchenerzählung und ironischem Dialog, wie sie der Stückeschreiber und Pamphletist in Drama und in Streitschrift realisiert, hat ihre erlauchten Vorbilder: »Er setzte willig sein System beiseite und suchte einen jeden auf demjenigen Wege zur Wahrheit zu führen, auf dem er ihn fand.« Was Lessing hier auf Leibniz münzt, ließe sich mit gleichem Recht auf Sokrates und ... auf ihn selber beziehen: ihn, der Gegner brauchte, Widersacher, mit denen sich streiten ließ, um sein eigentliches Ziel zu erreichen: die Aufklärung auf allen Gebieten zu einer öffentlichen Affäre zu machen, das pro und contra nicht in der Gelehrtenstube und nicht auf lateinisch, sondern in der Arena auszutragen und akademischen Disputen den Charakter einer republikanischen, vom Volk zu entscheidenden Auseinandersetzung zu geben.

Darum die Veröffentlichung der Reimarus-Fragmente mit dem ausdrücklichen Hinweis, daß es sich um die publizistische Eröffnung einer General-Debatte handle, deren Ausgang keineswegs entschieden sei: »Wahrlich, er soll noch erscheinen, auf beiden Seiten soll er noch erscheinen, der Mann, welcher die Religion so verteidiget, als es die Wichtigkeit und Würde des Gegenstands erfordert. Mit alle den Kenntnissen, aller der Wahrheitsliebe, alle dem Ernste!«

Darum die höhnische Widerlegung der Goezischen These, daß sich Fragen der Religion nur in der Sprache der Gelehrten abhandeln ließen.

Darum, Goeze – und der Herzog! – hatten schon richtig gesehen (wenngleich es Lessing nicht zugeben konnte), die Betonung von *Witz* und *Landessprache* und *polemischem Geräusch* als Fermenten der Revolution.
Darum die leidenschaftliche Verteidigung des Zweifels und der Forschung, die frei von Vorurteilen sein müsse, geistlichen so gut wie politischen. »Es ist nicht wahr«, heißt es im achtundsiebzigsten Paragraphen der ›Erziehung des Menschengeschlechts‹, »daß Spekulationen über diese Dinge jemals Unheil gestiftet... Nicht den Spekulationen: Dem Unsinn, der Tyrannei, diesen Spekulationen zu steuern; Menschen, die ihre eigenen hatten, nicht ihre eigene zu gönnen, ist dieser Vorwurf zu machen.«
Darum, am Bild des Kräuterkenners verdeutlicht, dem es darum ging, alle Pflanzen, die giftigen so gut wie die nützlichen bekannt zu machen ... darum die Entschlossenheit des Bibliothekars, Tatbestände ohne Rücksicht auf die durch sie gefährdeten Privilegien der herrschenden Schicht dem Publikum zu unterbreiten.
Darum die Erklärung, daß es dem geistlichen Regiment nicht um das Seelenheil der durch Lessings Profanierung von Ketzerthesen bedrohten Christen, sondern um die Wahrung von Machtpositionen zu tun sei: »O ihr Toren! die ihr den Sturmwind gern aus der Natur verbannen möchtet, weil er dort ein Schiff in die Sandbank vergräbt, und hier ein anderes am felsigen Ufer zerschmettert! O ihr Heuchler! denn wir kennen euch! Nicht um diese unglücklichen Schiffe ist es euch zu tun, ihr hättet sie denn versichert: euch ist lediglich um euer eigenes Gärtchen zu tun... Der böse Sturmwind! da hat er euch ein Lusthäuschen abgedeckt ... da eure ganze kostbare

Orangerie, in sieben irdenen Töpfen, umgeworfen. Was geht es euch an, wieviel Gutes der Sturmwind sonst in der Natur befördert?«
Darum schließlich die Attacke gegen die Goezische Behauptung, hier habe jemand, der nur nach dem Weg frage, aber nie nach dem Ziel ... hier habe einer, der das Streben nach der Wahrheit für wichtiger halte als die Wahrheit selbst, ohne Rücksicht auf die Folgen den Sturm angefacht und ein Feuer gelegt, das ganze Städte einäschern werde.
Kein Zweifel, in *diesem* Punkt hat sich Hauptpastor Goeze geirrt: Destruktion um jeden Preis, Brandstiftung ohne Bedenken der Konsequenzen war das letzte, was man Lessing nachsagen konnte. Wenn Walther Rathenau in einem Aphorismus behauptet: »Zwei Dinge schließen einander aus: wer für eine Sache ist, kann nicht für die Wirkung sein; wer für eine Wirkung ist, kann nicht für die Sache sein« – dann gibt's zumindest einen, der diese Sentenz widerlegt, und das ist Lessing gewesen: er, dieser Pädagoge kat'exochen, dachte immer an beides zugleich. Nicht zufällig enthält gerade das Spätwerk, die ›Erziehung des Menschengeschlechts‹ an der Spitze, eine Fülle von Warnungen vor schwärmerischer Ungeduld, revolutionärer Übereilung und der Überschätzung jener Unaufgeklärten, die ohne Vorbereitung nicht von einem Tag zum andern der Kindheit entwachsen. (»Der Schwärmer«, so der neunzigste Paragraph, »tut oft sehr richtige Blicke in die Zukunft; aber kann diese Zukunft nur nicht erwarten ... Wozu sich die Natur Jahrtausende Zeit nimmt, soll in den Augenblicken seines Daseins reifen.«)
Kein Aktionismus also und keine überstürzte Provoka-

tion. Lessing wußte genau, warum er die Reimarus-Passage über die problematische Auferstehungs-Geschichte erst am Schluß und nicht, in einer Art von Paukenschlag, zu Beginn der großen, das Jahrhundert bewegenden Kontroverse mit Goeze bekanntgab; er war sich darüber im klaren, wie behutsam die Fluten durch den Damm geleitet werden mußten: die alten Lichter sollten brennen bleiben (ein Bild von Eduard Zeller), solange die Flamme der Vernunft noch so schwach war, und die Offenbarung, als Propädeutin, ihr Recht im Plan der Erziehung behalten. Und was die *praxis pietatis* anging, das Tun der Christen, die ihren Glauben, der keines Beweises bedürfe, im Sinn des Liebesgebots realisierten, so sah Lessing in dieser Tätigkeit die Grenze zwischen der positiven, auf ein Dogma eingeschworenen und der natürlichen, für ihn einzig menschenwürdigen Religion aufgehoben: gelebte Frömmigkeit als Antizipation einer humanen Welt – jenes dritten Zeitalters, das der »Plebejaner« Lessing (so hat er sich genannt!) als eine Realität begriff, die sich hier und dort, in der Gleichheits-Vision der Freimaurer oder der Phantasmagorie der durch Vernunft erzogenen Sozietät, zumindest ansatzweise abzuzeichnen beginne. »In einer Unterredung, die ich mit ihm hatte«, berichtet Friedrich Heinrich Nicolai nach Lessings Tod an Elise Reimarus, »kam er einmal so sehr in Eifer, daß er behauptete, die *bürgerliche Gesellschaft* müsse noch ganz aufgehoben werden, und so toll dieses klingt, so nah ist es dennoch der Wahrheit. Die Menschen werden erst dann gut regiert werden, wenn sie keiner Regierung mehr bedürfen. Drechseln läßt sich das nicht.«

Möglich, ja wahrscheinlich, daß Lessing wirklich so

gesprochen hat – die These wäre der konkreten Utopie nicht fern, auf die seine späten Theater-Traktate, der ›Nathan‹ so gut wie die ›Erziehung‹, abzielen – aber nicht nur möglich, sondern gewiß ist, daß er, dieses gebrannte Kind der Zensur (›Minna von Barnhelm‹: auf Einspruch des preußischen Hofs in Hamburg verboten! Die Fortsetzung der Fragment-Publikation: mit einem Federstrich inhibiert! ›Nathan der Weise‹, nach Lessings Tod »von oben« verfremdet: der Patriarch in Wien in einen Großcomtur verwandelt und in München – einfach weggelassen!) ... nicht nur möglich, sondern gewiß ist, daß Lessing *öffentlich* niemals die Aufhebung der bürgerlichen Gesellschaft verlangt haben würde, wohl aber Möglichkeiten erdacht hat, um eine verwegene These wie diese in jener berühmten Geheim- und Sklaven-Sprache zu artikulieren, die er, Schauspieler und Verwandlungskünstler, der er war (immer in andere Rollen geschlüpft, immer, auch im Traktat, Maskerade getrieben!), bis zum puren Mummenschanz, einem todernsten freilich, perfektioniert hat. Mal gibt er vor, daß ihm etwas zugespielt worden sei (der ›Philotas‹: das Dramolett eines Anonymus), mal zitiert er, als ob's ein fremdes Werk sei, die eigene Arbeit (*beweisen* läßt sich auch heute noch nicht, daß die ›Erziehung des Menschengeschlechts‹ wirklich von Lessing verfaßt worden ist), mal gibt er den Traktat eines Dritten, den er sehr genau kennt, für einen bibliothekarischen Zufallsfund aus: Reimarus' Fragmente, auf einem Wunderteppich, von Hamburg nach Wolfenbüttel befördert.

Und dann die Tricks des erfahrenen Spielers, der die Theologie zum Theater und das Theater zu einer Table de jeu macht ... jenes Spielers, der im Hauptsatz eine

These vertritt, die er im Nebensatz – aus Tarnungszwekken wohlgemerkt: immer unter den Augen des Zensors – wieder zurücknimmt: »Ob Christus mehr als wahrer Mensch gewesen ist«, beginnt das Fragment ›Die Religion Christi‹, »das ist ein Problem. Daß er wahrer Mensch gewesen ist, wenn er es überhaupt gewesen ist; daß er nie aufgehört hat, Mensch zu sein: das ist ausgemacht.« Kecker und – pardon! – *hinterfotziger* kann man wirklich nicht schreiben, und hieße man Brecht! Man muß schon ein wahrer Wort-Akrobat sein, um Provokationen als Späße und Kampfansagen als Clownerien zu tarnen – und dann doch, auf einmal, die Wahrheit durchscheinen zu lassen: sei's durch ein Motto (über der ›Erziehung des Menschengeschlechts‹ steht der Satz Augustins: »Alles dies ist aus denselben Gründen in gewisser Hinsicht wahr, aus denen es in gewisser Hinsicht falsch ist« – was so viel heißt wie »Achtung, hier wird mit doppeltem Boden argumentiert«), sei es, daß in einem kurzen Dialog, für ein paar Sätze lang, der Schleier aufgehoben wird und das Prinzip der List, als der Hauptbeförderin von Pädagogik in widriger Zeit, sich so wie in jenem zweiten Gespräch für Freimäurer mit jäher Offenheit zeigt, in dessen Zentrum Falks Oppositions-These steht: »Jede Glückseligkeit des Staates, bei welcher auch noch so wenig einzelne Glieder leiden, und leiden müssen, ist Bemäntelung der Tyrannei.«

Hören wir den Dialog, in dem Lessing – ein einziges Mal! – sagt (genauer: mit verteilten Rollen sagen läßt!), was er denkt.

ERNST. Ich möchte es nicht so laut sagen.

FALK. Warum nicht?

ERNST. Eine Wahrheit, die jeder nach seiner eigenen Lage beurteilet, kann leicht gemißbraucht werden.

FALK. Weißt du, Freund, daß du schon ein halber Freimäurer bist?

ERNST. Ich?

FALK. Du. Denn du erkennst ja schon Wahrheiten, die man besser verschweigt.

ERNST. Aber doch sagen *könnte.*

FALK. Der Weise *kann* nicht sagen, was er besser verschweigt.

*Der Weise kann nicht sagen, was er besser verschweigt:* Dies ist vielleicht Lessings bitterster Satz, die schärfste Anklage, die er je formuliert hat – eine Sentenz, die blitzartig verdeutlicht, was für ihn auf dem Spiel stand, als er jene Religions-Kriege führte, auf dem Theater oder mit theatralischen Mitteln, die in Wahrheit den Charakter eines weit umfassenderen Kampfs hatten; denn die Infragestellung einer beweisfähigen Offenbarung, dies hat Goeze auf den ersten Blick bemerkt, bedeutete zugleich die Bezweiflung der autoritären, zu keiner rationalen Legitimation verpflichteten Herrschaft in politicis: »Nur derjenige«, ließ man, auf die Einheit von Thron und Altar verweisend, in Hamburg verlauten, »kann Unternehmungen von dieser Art als etwas Gleichgültiges ansehen, der die christliche Religion entweder für ein leeres Hirngespinst oder gar für einen schädlichen Aberglauben hält, und der nicht ... einsehen will, daß die ganze Glückseligkeit der bürgerlichen Gesellschaft unmittelbar auf derselben beruhe, oder der den Grundsatz hat: Sobald ein Volk sich einig wird, Republik sein zu wollen, so darf es.«

Kein Zweifel, hier hatte der Herr Hauptpastor wieder genau und richtig gelesen, hatte, mit seinen Worten zu reden, verstanden, daß von der unverletzten Ehre Jesu auch die Unverletzlichkeit der »Götter der Erden« abhinge, hatte die Totalität der Attacke begriffen – und rief prompt die Justiz auf den Plan: »Wie wenn dem Herrn Lessing Fragmente in die Hände fielen, in welchen die Gerechtsame ... des Hochfürstlich Braunschweigischen Hauses auf die Art angegriffen und die durchlauchtigsten Erwerber derselben ... so gelästert würden als der Stifter unser allerheiligsten Religion ... und Herr L. wollte sie mit einem solchen Brandbriefe in die Welt schicken, als er diesen Fragmenten mitgegeben hat, was würde sein Lohn sein?«

Hätte Lessing sich, angesichts solcher Drohung, einer offenen Feldschlacht gestellt – es wäre um ihn geschehen gewesen; und darum beließ er es bei seinem Kampf gegen die Orthodoxisten und deren Trabanten, hütete sich, in jenen »dogmatisierenden, affirmativen« Ton zu verfallen, den ihm sein Herzog ausdrücklich untersagt hatte, beließ es bei »offener« Argumentation in Parabel und Märchen und schloß, was nur geheim formuliert werden durfte, in seine Schublade ein: jenes Gespräch über die Soldaten und Mönche zum Beispiel, das wiederum verdeutlicht, wie anders: wieviel unverhüllter sich Lessings exoterische, aufs Publikum bezogene Streitschriften präsentieren würden, hätte er nicht in Berlin, Hamburg und Wolfenbüttel, sondern an der Seite Diderots und d'Alemberts, in Frankreich gelebt. (Fragment und Entwurf als einzig mögliche Ausdrucksformen der Wahrheit: Aufklärer-Schicksal in Deutschland!)

A. Muß man nicht erschrecken, wenn man bedenkt, daß wir mehr Mönche haben als Soldaten?
B. Erschrecken? Warum nicht ebensowohl erschrecken, daß es weit mehr Soldaten gibt als Mönche? ... Was sind Mönche? Und was sind denn Soldaten?
A. Soldaten sind Beschützer des Staats!
B. Mönche sind Stützen der Kirche.
A. Mit eurer Kirche!
B. Mit eurem Staate!

Decouvrierung der Macht und ihrer besoldeten Paladine im Namen jener benachteiligten Minoritäten, deren privates Unglück die Vorstellung allgemeiner, durch den Staat garantierter Glückseligkeit ad absurdum führe, und, daraus resultierend, die Umkehrung von Verhältnissen, denen, wie die Dinge standen, nicht anders als in unversöhnlicher Opposition zu begegnen war: das war Lessings Programm – das Programm eines Republikaners, der Vorschläge gemacht hat, die bis heute nicht angenommen worden sind: ja, heutzutage weniger denn je. Oder glaubt man, es sei möglich, zum Halali auf »Radikale« und vermeintliche »Sympathisanten« unter den Intellektuellen zu blasen (darunter einen Heinrich Böll!) und zu gleicher Zeit Lessing, diesen Prototyp eines Radikalen und Sympathisanten im wortwörtlichen Sinn, den Mitleidenden auf seiten der Opfer, als den großen Versöhner zu feiern?
Glaubt man, es sei möglich, Geistesfreiheit à la Lessing zu verlangen und zu gleicher Zeit, so als feiere der Feudalismus fröhliche Urständ, Drucker (Drucker!) unbotmäßiger Postillen ins Gefängnis zu werfen?
Meint man wirklich, es sei kein Zynismus, den Gegner

jeder angemaßten Autorität, den Feind hybrider Institutionen und den Anwalt der Sache des Andersdenkenden (damals hießen sie Juden – wie heißen sie heute?) vor den Karren zu spannen, um – ausgerechnet in seinem Namen! – Illiberalität zu praktizieren?
Zensur-Beförderung im Angesicht eines Mannes, dessen Devise lautete: Nichts darf verschwiegen werden – und sei es auch noch so verketzert? Nein, das hat Lessing nicht verdient.
Da war man anno 1929, zur Zweihundertjahrfeier, doch immerhin ehrlich: damals, als Lessing noch ein Politikum war und in Berlin zur gleichen Stunde Thomas Mann in der Akademie den Aufklärer pries und Gundolf im Reichstag dem »Heros des Liberalismus« – denn dazu hätte ein Heine Lessing gemacht – die Gefolgschaft versagte.
1929, vor fünfzig Jahren: Da gab es in Hamburg noch eine Zeitung der Arbeiterschaft, das ›Echo‹ – eine Zeitung, die es sich verbat, daß das Blatt des Bürgertums sich herausnahm, Lessing, so als sei er ein rückgratloser Liberaler gewesen, für die Sache der Bourgeoisie zu reklamieren. (»Von Lessing«, hatte das ›Hamburger Fremdenblatt‹ allen Ernstes behauptet, »führt der Weg über die Klassiker zu Ernst Moritz Arndt, zu Max von Schenkendorf und Theodor Körner... (Aber) es führt kein Weg zur Sozialdemokratie. Was war dieser nationaldeutsche Mann und Wahrheitssucher anderes als das, was wir liberal nennen.«)
1929, im Januar: Da blieben die Korporationen dem Festakt zu Ehren eines Mannes fern, dem sie, wegen seines Weltbürgertums, die nationale Gesinnung absprachen, und boykottierten eine Feier, in deren Verlauf der

Rektor der Hansischen Universität, Professor Heinrich Sieveking, die Hoffnung artikulierte, daß die Zeit nicht mehr fern sei, in der Hamburgs Hochschule den Namen »Gotthold Ephraim Lessing Universität« tragen werde – doch bei dieser Hoffnung ist es bis heute geblieben. Die Gegenwart, so wurde damals in der Presse erklärt, wünsche nicht so viel 18. Jahrhundert – und sie wünscht es offenbar auch heute noch nicht, und beginnt darüber, in einer Absage an die nicht zuletzt in Hamburg und Wolfenbüttel mitbestimmte libertäre Ausrichtung deutscher Geschichte, mehr und mehr zu vergessen, daß es in Wahrheit keine wichtigere Aufgabe für eine Gesellschaft geben kann, die sich im Sinne einer Gemeinschaft der Freien und Gleichen versteht, als die Verheißung der Aufklärung, Lessings großes Erziehungs-Programm, zu verwirklichen und damit jene Vision der nur sich selbst – und Gott! – aber keiner Obrigkeit verantwortlichen Bürger zu konkretisieren, denen, in der ihm eigenen, aus Witz, List und Aggressivität geformten Versteckssprache, jener kecke Naseweis Mut gemacht hat, dem unser erster und unser letzter Gruß gelten soll:

Trinket Brüder, laßt uns trinken,
Bis wir berauscht zu Boden sinken;
Doch bittet Gott den Herren,
Daß Könige nicht trinken.

Denn da sie unberauscht
Die halbe Welt zerstören,
Was würden sie nicht tun,
Wenn sie betrunken wären?

# Lessings ›Nathan‹ aus der Perspektive von Auschwitz

»Inmitten deutschen Lebens ein abgesondert fremdartiger Menschenstamm ... Auf märkischem Sand eine asiatische Horde ... so leben sie (die Juden) in einem halb freiwilligen unsichtbaren Ghetto, kein lebendiges Glied des Volkes, sondern ein fremdartiger Organismus in seinem Leibe«: Mit diesen Worten hat, anno 1897 in Maximilian Hardens Zeitschrift ›Die Zukunft‹, kein rabiater Antisemit, kein Schüler Treitschkes und Stoekkers, kein Ideologe in der Nachfolge Richard Wagners gesprochen – nein, ein Berliner Jude ist es gewesen, der seine Stimme gegen das *schwärzliche Volk der Krämer und Makler* erhob, gegen die von Jahwe, dem auf dem Horeb thronenden Gott, verlassenen Händler aus der Rosenthalerstraße, gegen die *Häßlichen* mit ihren *ungelenken Füßen und der weichen Rundlichkeit ihrer Formen*, gegen die bald *tolpatschig-dreist*, bald *devot* auftretenden Parvenus, die sich nicht wundern dürften, daß die Autochthonen aus der Mark Brandenburg ihre Namen mit ironisierender Betonung aussprächen: »Im Erdgeschoß wohnt Herr Wilhelm Schulze und im ersten Stock ›ein‹ Herr Simon.«

Nein, ein Antisemit war er gewiß nicht, der ›Zukunft‹-Beiträger, der sich, ein Vierteljahrhundert vor Tucholsky, über das »Wendriner«-Deutsch seiner – getauften und ungetauften – Mitjuden belustigte und, angeekelt von der *Ghetto-Schwüle* im Kreis der scheinbar Assimilierten, die »bewußte Selbsterziehung einer Rasse zur Anpassung an fremde Anforderungen« proklamierte.

Eine deutsch erzogene Judenheit, geprägt von Patriziern der Kultur, die mosaische Glaubens-Liberalität mit der Bildung jener Nation verbänden, der allein sie sich verpflichtet fühlten, der deutschen: eine israelitische Gemeinschaft, die sich aus assimilierten Lessingschen Nathans rekrutierte – das war die Ideal-Gemeinde jenes W. Hartenau mit seinem Kaufmannstraum von der verbesserten Bilanz der moralischen Werte durch rigorose Anpassung des jüdischen Volks an das deutsche ... der Traum eines Mannes, der wenige Jahre darauf sein Pseudonym lüftete.

*Walther Rathenau* hieß der Verfasser des ›Zukunft‹-Pamphlets: ein Jude, der in keinem Augenblick, 1897 so wenig wie zu Beginn der Weimarer Republik, von der These abwich, daß es für einen Mann seines Schlages nur *ein* Land geben könne – Deutschland und nicht Israel: das Land des Hier und Jetzt und nicht das Reich der Väter. (»Die Juden«, so Rathenau während des Ersten Weltkriegs an einen Freund, »sind für mich ein deutscher Stamm wie Sachsen oder Bayern. Für mich entscheidet über die Zugehörigkeit zu Volk und Nation nichts anderes als Herz, Geist, Gesinnung, Seele. In diesem Empfinden stelle ich die Juden etwa zwischen die Sachsen und die Schwaben.«)

Worte eines Israeliten aus Berlin und deutschen Patrioten, von dem es einhundertvierzig Jahre nach Lessings ›Nathan‹ heißen wird: »Knallt ab den Walther Rathenau, die gottverdammte Judensau.«

Was für ein Schicksal, dieses Leben und Sterben eines Berliner Industriellen jüdischer Herkunft – und ein typisches dazu! Von den Anfängen der Emanzipation, die durch die drei Namen Gotthold Ephraim Lessing, Moses

Mendelssohn und Kriegsrat Christian Wilhelm von Dohm, den Verfasser der Schrift ›Über die bürgerliche Verbesserung der Juden‹, geprägt ist ... von Ende des 18. Jahrhunderts bis zum Beginn der nationalsozialistischen Herrschaft hat die deutsche Judenheit mit einer durch keine Demütigung und Provokation zu beirrenden Entschlossenheit, inständig und konsequent, um ihr Bürgerrecht in Deutschland gerungen, um Eingemeindung in die Nation Schillers und Lessings, und dafür, in einer oft bis zur Selbstaufgabe gehenden Demut, sich selbst – und gerade! – zu jenen Deutschen bekannt, die sich als rabiate Antisemiten ausgaben: Der gleiche Richard Wagner, der im Pamphlet ›Das Judentum in der Musik‹ den Israeliten jegliches Schöpfertum absprach – Kopisten seien sie, Aneigner, äffische Imitatoren von Beckmessers oder des Bach-Imitators Mendelssohns Rang ... der gleiche Wagner, der den Juden nur eine einzige Möglichkeit der Erlösung zubilligte: ihren Untergang, der gleiche Wagner, dessen ureigenes Ziel es war, den ›Nathan‹ zu widerrufen (Notiz Cosimas, im Tagebuch: »Richard erzählt von einer neulichen Aufführung des Nathan, wo bei der Stelle, ›Christus war auch ein Jude‹, ein Israelit im Parterre bravo gerufen habe. Er wirft Lessing diese Fadheit sehr vor, und wie ich ihm erwidere, daß mir schiene, ein eigener deutscher Zug der Humanität in dem Stücke zu liegen, sagt er: ›Aber gar keine Tiefe‹, (und dann im heftigsten Scherze), es sollten alle Juden bei einer Aufführung des Nathan verbrennen«) ... dieser gleiche Wagner, der sich mit dem Gedanken trug, Bismarck zu bitten, Paris, dieses Zentrum der Geld- und Wucher-Welt, niederzuschießen: dieser Richard Wagner hatte, Abgott der Judenheit, der er war, die Ehre, ausgerechnet den Palästina-Träumen der auf die heilige deutsche Kunst eingeschworenen Israeliten die höheren Weihen zu geben: Der zweite Weltkongreß des Zionismus, am Ende des letzten Jahrhunderts, wurde eingeleitet mit der Tannhäuser-Ouvertüre des Meisters.

Ein Schauspiel, paradox und erbarmenswürdig zugleich: Da kämpft, seit dem letzten Drittel des 18. Jahrhunderts, eine verschwindende Minorität darum, die Ghettomauern zu sprengen, das jüdische Mittelalter zu beenden und Partizipant der Aufklärung zu werden: da will man eine Welt verlassen, den Kerker, in den das *gepriesene Licht* der Neuzeit nur mühsam eindringt ... eine Welt, von der es bei Börne heißt: »Scheu und behutsam wird hier der Fuß aufgesetzt, damit er keine Kinder zertrete. Sie schwimmen in der Gosse herum, sie kreuzen im Kote umher, unzählig wie ein Gewürm von der Sonne Kraft dem Mist ausgebrütet... Fürchtet ihr, die turmhohen Mauern möchten einstürzen über uns? O fürchtet nichts. Sie sind wohl befestigt, die Käfige der beschnittenen Vögel, gestützt auf den Grund der ewigen Bosheit, gut gemauert von den emsigen Händen der Habsucht, geleimt mit dem Schweiß der gefolterten Sklaven.«

Hinaus aus dem Ghetto hieß die Devise: aus dem Elend, aber auch aus der Geborgenheit des Für-sich-Seins, aus dem Bannkreis der Rabbinats-Herrschaft, mitsamt den Kommentierungen der Talmud-Traktate, die ihrerseits die Tora auslegen – einem Bannkreis, den zu verlassen ebenso unabdingbar wie risikoreich war: *unabdingbar* wegen des Gebots der Zeit, das keine Absonderungen: kein partielles Mittelalter mehr zuließ, *risikoreich* im Hinblick auf die Aufgabe jüdischer Totalität, die, als erster Aufklärer und letzter Ganz-und-gar-Jude Moses Mendelssohn noch einmal zu praktizieren verstand, indem er auf die Identität von natürlicher und jener jüdischen Religion verwies, die nicht auf Glaubenswahrheiten, sondern auf vernunftbestimmten Gesetzesvorschriften beruhe.

*Jüdische Totalität*: Das hat es, das konnte es, wie die Dinge standen, *nach* Mendelssohn in Deutschland nicht mehr geben: Die Enkel des Mannes, der mit seiner Bibelübersetzung den Juden ihre heilige Schrift, verfremdet und zu neuer Eingemeindung fähig, zurückgeben wollte, konvertierten zum Christentum; vierzehn Jahre nach Mendelssohns Tod fragte sein Freund und Schüler, David Friedländer, namens einer Gruppe einflußreicher Berliner Juden an, unter welchen Bedingungen ein allgemeiner Übertritt zum Protestantismus, in Würde und ohne Schielen nach bürgerlicher Reputation, zu erreichen sei und welches Taufbekenntnis denjenigen abverlangt werde, die Vernunftwahrheiten für das gemeinsame Zentrum aller Religion hielten, das Zeremonial-Gesetz und den Messias-Glauben folglich für obsolet erachteten, ohne sich deshalb positiv zu christlichen Dogmen, vor allem der Gottesherrschaft Christi stellen zu können: »Wir sind von jüdischen Eltern geboren und in der jüdischen Religion erzogen worden... Die Ceremonialgesetze wurden in dem väterlichen Hause mit der ängstlichsten Pünktlichkeit beachtet. Diese verfremdeten uns (das heißt: machten uns zu Fremden) in dem Zirkel des gewöhnlichen Lebens; sie brachten, als leere Gebräuche, keine andere Wirkung hervor als daß deren Beachtung in Gegenwart fremder Religionsverwandtschaften, selbst der Dienstboten, uns scheu, verlegen und oft unruhig machten.« So beginnt eine Schrift (sie ist heute nahezu verschollen), in der deutsche Juden zum ersten Mal öffentlich eingestehen, daß die Mendelssohnsche These, Gesetzes-Gehorsam und Vernunft-Verpflichtung wären identisch, nicht zu verwirklichen sei – und damit beginnt jene »Euthanasie des Judentums« in Deutschland (ein Ausdruck von Kant), an der sich in gleicher Weise, auf christlicher Seite, Liberale, die einem Reformjudentum, geprägt von Bildungsbürgern jüdischen Glaubens, das Wort redeten *und* die aufgeklärten Juden beteiligten, die an die Vereinbarkeit von israelitischem Glauben und deutscher Vollbürgerschaft glaubten und diese Vereinbarkeit als neues, eine sinnerfüllte Existenz verbürgendes Prinzip in emphatischer Rede beschworen.

»Einen Vater in den Höhen, eine Mutter haben wir. Gott, ihn, aller Wesen Vater. Deutschland unsere Mutter hier«: Dieser Satz des Sprechers der deutschen Judenheit, des Vizepräsidenten des Frankfurter Paulskirchen-Parlaments und ersten Richters mosaischen Glaubens in unserem Land, Gabriel Riesser, hat exemplarischen Charakter.

Nahezu eineinhalb Jahrhunderte lang, zwischen *Nathan* und *Auschwitz*, war es das oberste Ziel der deutschen Judenheit, sich dem Wirtsvolk in politicis bis hin zur Aufgabe der Identität: will heißen, des Vergessens eigener Geschichte, zu assimilieren, wobei es, zumal nach 1848, der Mehrheit um die Gewinnung eines *National*deutschtums konservativer Prägung, der Minderheit um ein *Kultur*deutschtum ging, das die Juden getreuer hüteten als die von Bismarckschem Borussentum, Wirtschaftsglanz und militärischer Macht geblendeten Deutschen christlicher Herkunft. Das Erbe der Aufklärung,

verramscht von der Bourgeoisie, zu bewahren und durch solch erinnerndes Aufheben Dankbarkeit gegenüber der Nation zu zeigen, die längst dabei war, Weimar über Potsdam zu vergessen: dies war die Intention jener gebildeten Judenheit, die, als einzige Gruppe (im Sinne einer Formulierung Franz Rosenzweigs) das »und« in der Wortfügung »Deutscher und Jude« mit vollem Ernst und »nicht lasch« nahm und sich damit zu jenem in der Mitte des 19. Jahrhunderts von Gabriel Riesser gesetzten Ziel bekannte: mitzuhelfen, dem Begriff »Deutscher Jude« den Charakter eines Ehrentitels zu geben.
Ein vergebliches Unterfangen: vergeblich, da – nehmen wir den einen Humboldt und den anderen Mommsen und den dritten Virchow aus – nach dem Ende der Aufklärung kein Dohm und schon gar kein Lessing bereitstand, um, in vermeintlich liberaleren Zeitläufen, Mendelssohns Nachfahren Mut zur Verteidigung unverzichtbarer Traditionen zu geben. Kein Zufall, daß Riessers Rede über das Lessing-Denkmal, 1838 an die Israeliten in Deutschland gerichtet, wie ein Hilferuf klingt – Hilferuf an die Adresse eines Toten, der den Juden ihre historische Aufgabe zugeteilt hätte: auszuharren im Interesse der Humanität, zu deren Verteidigung der Dichter des ›Nathan‹ die Juden, »in einem Akt weltgeschichtlicher Vergeltung«, bestellt habe – die unterdrückte Minderheit und nicht die regierende christliche Macht.
Da werden, in einem ergreifenden Totengespräch, noch einmal die Manen jener großen Nothelfer beschworen, die ein verläßliches, von wechselseitigem Vertrauen geprägtes Gespräch zwischen Christen und Juden in Deutschland zu gewährleisten schienen: Nothelfer wie

der Kriegsrat Dohm, der, in enger Kooperation mit Moses Mendelssohn, vermeintliche jüdische Sonderheit, vor allem den (angeblichen) Hang zu Schacher und Wucher, als Folge drückender Verhältnisse interpretierte, unter denen zu leben die Israeliten, ausgeschlossen von höherer Bildung, seit Jahrhunderten gezwungen seien. *Nothelfer* wie Wilhelm von Humboldt, der Verfasser der liberalen preußischen Judengesetzgebung, der sich gegen den Vorwurf zur Wehr setzen mußte, er verwandle mit seiner Verfassung von einem Tag zum anderen die Knechte in Herren: »Wer vom Knecht zum Herrn wird, der macht einen Sprung; denn Herren und Knechte sind ungewöhnliche Erscheinungen. Aber wem man bloß die Hände losbindet, der kommt nur dahin, wo alle Menschen von selbst sind.«
*Nothelfer* Lessing. *Nothelfer* Dohm. *Nothelfer* Humboldt: Humboldt, der übrigens keineswegs Philosemit war (en masse waren ihm die Juden lieber als en detail, wo er ihnen am liebsten aus dem Weg ging) und der sich dennoch, nach Lessing, größere Verdienste als irgendein anderer um die Emanzipation der Israeliten erwarb: er, der stolz darauf war, zusammen mit seinem Bruder Alexander seit Jugendzeit eine Schutzwehr des Judentums gewesen zu sein: er, Humboldt, der, Juni 1815, seine Frau – Caroline, die rabiate Antisemitin – wissen ließ, daß er auf dem Wiener Kongreß ein großes Geschenk nicht habe annehmen können, die Gabe eines alten – offenbar orthodoxen – Israeliten aus Prag, der bereits mehrfach bei ihm vorgesprochen habe: »Gestern kam nun der Alte wieder, dankte mir unendlich und bot mir zum Ersatz drei Ringe, Smaragde mit Brillanten besetzt, mit dem Zusatz, daß, wenn ich sie nicht wollte,

ich über viertausend Dukaten auf seine Kassa disponieren solle. Ich schlug sie natürlich ebenso wie das Geld aus, und Du kannst die Verwunderung gar nicht denken, wie ich ihm ohne alle Affectation und Ziererei sagte, daß ich, was ich getan, bloß den Juden zuliebe getan hätte, daß ich nichts dafür nehmen würde, daß aber, wenn ich je in einen Fall kommen sollte, wo er mir einen Gefallen erzeigen könnte, ich ihn gern annehmen würde.«
Nothelfer Wilhelm von Humboldt, dem ein alter Jude, wahrscheinlich Simon von Lämel, der zum weiteren Freundeskreis Goethes gehörte, jene drei Ringe schenken möchte, an deren Beispiel Nathan der Weise die Gleichberechtigung der drei großen Glaubensgemeinschaften erweist, die im Zeichen der einen, von Lessing und Mendelssohn akzentuierten Vernunft-Religion zusammengehörten: Da wird in einem ebenso bewegenden wie gleichnishaften Vorgang Literatur zum Politikum. Macht der Christ Lessing den Juden Nathan auf der Bühne zum Anwalt der Humanität, so möchte der Jude Lämel dieses Ehrenprädikat im politischen Alltag an den Christen Humboldt wiedererstatten – und hätte derart einen Mann geehrt, dessen Intentionen (wie die Lessingschen!), ungeachtet der zwischen 1812 und 1870 langsam Gesetzeskraft gewinnenden These, daß den Juden Rechtsgleichheit mit den Christen zustünde (formaliter, wohlgemerkt!), in der Alltagswirklichkeit nicht allein unbefolgt blieben, sondern sich ins pure Gegenteil verkehrt sahen.

Ins Gegenteil verkehrt – jawohl! Man stelle sich vor, Lessing, Dohm, Mendelssohn und Wilhelm von Humboldt seien, ein Jahrhundert nach ihrem proisraelitischen Engagement, Zeuge jener Reichstagsdebatte vom Jahre

1880 geworden, in der, nach einer großen antijüdischen Kampagne im Land, die es binnen kurzem auf über 200 000 Unterschriften brachte, der Abgeordnete Hänel, ein Liberaler, der deutschen Fortschrittspartei zugehörig, folgende Interpellation vortrug:
»Seit geraumer Zeit macht sich gegen die jüdischen Bürger Preußens eine Agitation geltend, in deren Folge gefordert wird, 1. daß die Einwanderung ausländischer Juden, wenn nicht gänzlich verhindert, so doch eingeschränkt wird, 2. daß die Juden von allen obrigkeitlichen Stellungen ausgeschlossen werden und daß ihre Verwendung im Justizdienst – namentlich als Einzelrichter – eine angemessene Beschränkung finde, 3. daß der christliche Charakter der Volksschule, auch wenn dieselbe von jüdischen Schülern besucht wird, streng gewahrt bleibe und daß in derselben nur christliche Lehrer zugelassen werden, 4. daß die Wiederaufnahme der amtlichen Statistik über die jüdische Bevölkerung angeordnet werde. In Veranlassung dessen wird an die Königliche Staatsregierung die Anfrage gerichtet, welche Stellung sie einer Massen-Agitation gegenüber einnehme, die auf die Beseitigung der vollen verfassungsgemäßen Gleichberechtigung der jüdischen Staatsbürger ziele.«
Die Debatte wurde eröffnet, die Staatsregierung erklärte sich bereit, Antwort zu geben, der Abgeordnete Hänel begründete die Interpellation mit den Worten: »Im Jahre 1878 – es waren gerade einhundert Jahre, nachdem Lessing den Nathan geschrieben« ... daraufhin *Lachen von rechts*: und eben dies war symptomatisch: Sobald Lessings Nathan, in der zweiten Jahrhunderthälfte, in einem deutschen Parlament zitiert wurde, stellte sich entweder Verlegenheit ein (der Mann, hieß es, habe Gott sei Dank

auch bessere Stücke geschrieben) oder es wurde, zum Zeichen von Hohn und Verachtung *gelacht* und über Lessing mit jener Richard Wagnerschen Borniertheit geurteilt, die man sich fünfunddreißig Jahre vorher, als in beiden Häusern des Vereinigten Preußischen Landtags über die Bürgerrechte der Juden debattiert wurde, denn doch nicht erlaubt hätte.

So verwegen 1847 die konservative Fraktion gegen die Einstellung jüdischer Geschichtslehrer an christlichen Gymnasien votierte – undenkbar sei es, daß ein Jude die Kreuzzüge objektiv darstellen könne – und so emphatisch selbst die Gefahr einer jüdischen Interpretation von Linguistik und Mathematik an die Wand gemalt wurde, es blieb, ungeachtet aller Vorurteile, zu denen sich der Abgeordnete Bismarck in unbekümmerter Rede bekannte, doch ein Rest von Respekt gegenüber den Juden und, angesichts der Überlegenheit einer glänzend argumentierenden laizistischen Fronde – der Liberale Georg von Vincke voran! –, zumindest eine Spur Bedenklichkeit, die Postulate der Aufklärung *in toto* zu widerrufen: Wer's dennoch tat, hatte eh nichts mehr zu verlieren, an kultureller Reputation.

Zwar gab es einen dezidierten Antijudaismus, 1847, gewiß; es gab den Fremdenhaß protestantischer Art, der sein gutes Gewissen aus jenem Pamphlet des alten Luther, »Von den Juden und ihren Lügen«, bezog, dessen Postulate (Verbrennung der Synagogen, Zerstörung der jüdischen Häuser, Aufhebung des Geleits für Israeliten, Einweisung der jungen Mannschaft in Arbeitslager) sich noch im Nationalsozialismus nachgebetet sahen: Martin Luther – zitiert in Veit Harlans »Jud Süß«!

Gut, den Antijudaismus hat es gegeben, in der ersten

Hälfte des 19. Jahrhunderts, in Lutherscher so gut wie in Fichtescher Interpretation. (Nur unter einer Bedingung, erklärte der Verfasser der Reden an die deutsche Nation, sei er mit der Verleihung des Bürgerrechts an die Juden einverstanden: daß man den Israeliten in einer Nacht alle Köpfe abschlüge und ihnen andere aufsetzte, »in denen auch nicht eine jüdische Idee sei«.) Es gab, vor 1880, die Abqualifizierung des Juden als des Geschäftemachers, Spekulanten, Irreligiösen und Amoralischen, der, wie's in den beiden großen Hausbüchern des deutschen Bürgertums, Freytags ›Soll und Haben‹ und Raabes ›Hungerpastor‹ vorgeführt wurde, seine humane Gegenfigur im tiefsinnig-tumben, redlich-biederen, wacker-schlichten Deutschen erhielt: Hans Unwirrsch gegen Moses Freudenstein, Anton Wohlfahrt contra Veitel Itzig; hier das Sündenbabel Paris und dort die Hungerpfarre an der Ostsee; hüben das Comptoir des deutschen Kaufmanns, geprägt von bürgerlicher Bonität, und drüben die Flitterbude des jüdischen Spekulanten. (»Der Bedienstete öffnete und führte Anton durch eine Reihe von Gemächern in das Empfangszimmer. Er sah auf seinem Weg mit Erstaunen den ruhigen und soliden Glanz der Einrichtung, die großen Wandspiegel, schwere Stoffe, Gemälde, Blumentische, zahlreiche Vasen und Fruchtschalen von Stein und gemaltem Porzellan«: ja, so sah eine deutsche Firma aus.) Und dagegen nun, in einer unter dem Aspekt »Schein gegen Sein« durchgeführten Punkt-für-Punkt-Konfrontation, das *Palais* (in Anführungszeichen!) derer von Ehrenthal: »Der Freiherr wurde in das distinguierte Putzzimmer des Hauses geführt und sah mit innerer Heiterkeit die auffallenden Farben der bunten Vorhänge, den unsauberen Fußboden und die zahlreichen schlechten Ölbilder an den Wänden, dicke Farbmasse, welche wahrscheinlich auf dem Trödel gekauft waren«: so präsentierte sich ein Judenhaus von Neureichs, das im Erdgeschoß vergittert ist, in der Beletage mit Spiegelscheiben prunkt und unter dem Dach seine blinden, oft eingeschlagenen Fenster verbirgt. (»Es war kein guter Charakter in dem Hause, wie eine alte Zigeunerin sah es aus, die über ihr bettelhaftes Kostüm ein neues Tuch geworfen hat.«)

*Saxa loquuntur.* Die Steine sprechen und zeigen an: Hier wohnt ein Jude, dort ein Christ – und wie die Steine, so sprechen Habitus und Redeweise, gesellschaftliches Gehabe, Lebens-Entwurf, Weltsicht und Geschäfts-Gebaren, Visionen und Träume den einen, den Christen, los und den anderen, den Juden, schuldig.

Und trotzdem: Trotz Luther und Fichte, Freytag und Wagner, trotz der Hepp-hepp-Apologeten und, auch das sei nicht vergessen, trotz der schneidendsten Bezichtigungen, der aus Selbsthaß geborenen Anklage gegen jüdisches Spekulantentum à la Rothschild, wie es in den eigenen Reihen erhoben wurde (»Welches ist der weltliche Kultus der Juden? Der Schacher. Welches ist sein weltlicher Gott? Das Geld«, heißt es in Marxens Schrift ›Zur Judenfrage‹) – trotz allem, dies will mit Nachdruck betont sein, kann kein Zweifel bestehen, daß die primitive und prinzipielle Widerrufung der Aufklärung und ihres Grund-Axioms von der Gleichheit aller Menschen, die zu realisieren höchste, ja, einzige Aufgabe eines Staates sei, der sich als menschlich verstehe ... trotz allem kann kein Zweifel sein, daß die Negation des Nathan erst in einem Augenblick zum *politischen Programm* wurde, als an die Stelle des *religiös* begründeten

Anti-Judaismus jener, um 1880 zumal von der sogenannten Berliner Bewegung des Hofpredigers Stoecker beförderte, auf dem *Rasse*-Gedanken basierende Antisemitismus trat, mit dem verglichen sich selbst Treitschkes berüchtigte Antisemiten-Kampagne eher akademisch-besonnen ausnahm. (Und das will, wie die Dokumente zeigen, viel heißen.)

»Die Religion«, rief im Verlauf der Reichstagsdebatte von 1880 über die Judenfrage der Abgeordnete Hänel aus, »ist eine Angelegenheit, über die sich diskutieren läßt ... aber bei dieser nach meiner Meinung leichteren Färbung hat die (antisemitische) Bewegung nicht innegehalten, sie ist rund und voll übergeleitet in die Frage der Rasse ... und das ist die aufregendste, die tiefgreifendste, ich scheue mich keinen Augenblick zu sagen, die perfideste Wendung, die die Sache nehmen konnte; ja, die *perfideste* ..., denn die Nation, der ich angehöre, die Rasse, zu der ich geboren bin, das ist ein Fatum, welches über mich verhängt ist; das kann ich nicht abschütteln, da kann ich mich nicht korrigieren, da bin ich nicht verantwortlich. Meine Herren, die Feindschaft, der Haß, welcher gegen die Rasse erregt wird, richtet sich nicht gegen einzelne Untugenden, sondern er richtet sich gegen den ganzen Menschen. Meine Herren, diese Erregung von Haß und Feindschaft gegen die Rasse ist die Leugnung, sie ist die praktische Untergrabung der Fähigkeit, sich zum allgemeinen Menschentum auszubilden.«

Rassenhaß anstelle von religiösem Antijudaismus: Das ist der *eine* Akzent des neuen und eigentlichen Antisemitismus in Deutschland – der praefaschistische; der andere – nicht minder bedeutsam, zudem mit längeren bis in die

Zeit des Hoffaktoren-Merkantilismus reichenden Wurzeln versehen: der sozialpolitische, der den Juden zum Nutznießer einer gestern feudalistischen, heute liberal-kapitalistischen, gestern von Wucher, heute von Spekulation und Börsenjobber bestimmten Wirtschaftsordnung macht – zum Nutznießer, der, in Finanzoperationen seit Jahrhunderten geschult, sein Erstgeborenenrecht in einer Weise ausspiele, daß er, der Jude, zum Herrn und der Deutsche darüber zum Knecht werde: Unzumutbar, rief in der Debatte vom Jahre 1880 der Abgeordnete und Hofprediger Stoecker aus (einer Debatte, als deren stumme und betroffene Zuhörer Lessing, Dohm und Humboldt nie aus den Augen zu verlieren sind), unzumutbar sei es, daß eine halbe Million jüdischer Mitbürger, einem anderen Stamm angehörig, im deutschen Volk eine Stellung einnehme, die ihrem Zahlenverhältnis durchaus nicht entspräche.

Widerruf der Ring-Parabel im Zeichen von Rassenhaß und Neid auf jene ökonomisch scheinbar Bevorzugten, in denen man nicht die Exponenten, sondern die *Wegbereiter* und *Protagonisten* der modernen, dem Ständestaat und der altväterlichen Werte-Ordnung den Garaus machenden Organisation des kapitalistischen Wirtschaftssystems erblickte.

Kampf gegen das Judentum: das bedeutet auch 1880 noch – Gelächter hin, Gelächter her – Kampf mit Lessings Schatten, und der Herr Hofprediger, der seinen ›Nathan‹ kannte, zumal den Patriarchen-Part (»Tut nichts, der Jude wird verbrannt«), suchte, um einerseits seinen Lessing und andererseits seinen Antisemitismus zu retten, einen Ausweg aus dem Dilemma mit Hilfe eines Täuschungsmanövers, das den Fanatiker verrät, der gleichwohl seine klassische Bildung nicht preisgeben möchte: »Man beruft sich auf das Vermächtnis Lessings. Meine Herren! Führen Sie doch nicht immer ein literarisches Ereignis, welches mehr als hundert Jahre alt ist, für politische Fragen der Gegenwart an. Und außerdem, der Nathan der Weise Lessings war gar kein Jude, sondern, meine Herren, der Jude im Nathan ist ein Christ.« (*Widerspruch links*. Darauf Stoecker, nunmehr endgültig in die Ecke getrieben: »Ja gewiß, meine Herren, innerlich.«)

Da wird aus schwarz weiß, aus weiß wird schwarz gemacht, der Jud zum Christ erklärt und die Minorität kurzweg in den Rang einer mächtigen Gruppe erhoben, die sich, arrogant und selbstgerecht, als Majorität aufzuspielen beliebe und – so hatte schon Luther gesprochen – im deutschen Volk lebe wie die Made im Speck: »Meine Herren! Neulich ist hier in einem benachbarten Kreise die Leiche eines Gestorbenen gefunden worden. Sie wurde untersucht, und dabei war ein jüdischer Kreisphysikus, ein jüdischer Wundarzt und ein jüdischer Referendar. Nur die Leiche war deutsch.« (Große Heiterkeit) »Meine Herren, wir wünschen nicht, daß dieses das Schicksal von Berlin, das Schicksal der großen deutschen Städte werde; wir wollen unser Volk erhalten durch die wirklichen Lebenskräfte; und seien Sie überzeugt, bei diesem Versuch wird unser Volk hinter uns stehen.«

Gesprochen, am 20. November 1880 zu Berlin, vom Hofprediger Seiner Majestät: genau hundert Jahre nach dem Beginn jenes christlich-jüdischen Gesprächs in Deutschland, dessen Einsatz furios, dessen Fortgang kläglich, weil einseitig war: eher jüdische Selbstrede als Wechselgespräch von gleich zu gleich – man stelle sich vor: Heine hätte einen Partner vom Schlage Lessings gehabt! – und dessen Ende elend wirkt: Während die einen – man erinnere sich an Rathenaus Sätze! – ungeachtet aller Demütigungen immer noch in totaler Assimilation ihre einzige Chance erblickten und nicht aufhörten, Geistergespräche zu führen: so, als sei die Zeit nicht endgültig dahin, da der Höhepunkt deutscher Kultur mit dem Beginn – und schon Finale! – des christlich-jüdischen Gesprächs zusammenfiel: eins das andere bedingend ... während die einen, die Juden, bei ihrem Riesserschen Bekenntnis blieben: der Mutter Deutschland freilich mehr und mehr Reverenz als dem jüdischen Vatergott zollend, hielten die anderen, die Christen, auf Distanz und kühle Reserve – »einverleiben lassen sie sich, aber einvergeistigen nicht«, schrieb selbst Theodor Fontane, der alles andere als ein Antisemit war – und sei's auch nur deshalb, weil er wußte, daß, wie er schrieb, die x-beinigen Cohns immerhin den Lauf der Zeiten begriffen, während Itzenplitz »an seiner Lokomotive zoppt und ›brr‹ sagt und sich einbildet, sie werde stillestehn wie ein Ackergaul«. (Und dann, auf der anderen Seite, selbst bei einem Fontane, doch wieder das große Lamento über die »Unzureichendheit von Taufwasser«, die diesem *schrecklichen Judenvolk* nun einmal nicht jene Urbanität könne zukommen lassen, derer es bedürfe, um für die arische Welt erträglich zu werden.)

Wen immer, nehmt Mommsen aus und den anderen großen 48er, Rudolf Virchow natürlich ... wen immer man auch zitiert unter den Großen der Nation, Fontane oder, auf dem Berliner Katheder, Harnack in seinem unermüdlichen Kampf gegen das Alte Testament und dessen kanonische Geltung: Ein *Gespräch*, geschweige denn eine *Symbiose* im Sinne einer Kulturgemeinschaft, wo Geben und Nehmen einander die Waage halten, hat es nicht einmal ansatzweise gegeben. Wenn hier einer schenkte, dann sind es die Juden gewesen; und wenn einer Geschenke nahm, dann waren es diejenigen, deren Kultur ein Discontinuum ohne Wegemarken-Setzung wäre, hätte es Freud und Marx, Heine und Kafka, Einstein und Schönberg nicht gegeben.

Deutsch-jüdische Symbiose: Das ist ein Trugtraum; denn Symbiose setzt Koexistenz zweier Gruppen auf der Basis von Gleichberechtigung, setzt ständigen Austausch, gegenseitigen Nutzen und fruchtbares Wechselspiel bei Erhaltung der Identität beider Partner voraus; doch diese Identität eben hatten die Juden zum Opfer zu bringen: in welchem Ausmaß, das beweist exemplarisch bereits Moses Mendelssohns Übersetzung des Pentateuch, diese – an der Lutherschen Version, aber auch an der Fassung von Buber-Rosenzweig gemessen – *artig-behutsame* Eindeutschung der mosaischen Schrift, die alles, was fremd, rudimentär, archaisch und verwegen rascher Eingemeindung im Wege steht, nivelliert, indem sie lapidaren Bericht und mythische Reste in die Koine der Gebildeten überträgt, ins Teestuben-Deutsch jener jüdischen Bourgeoisie, die sich bald darauf in der humanen Vorbildlichkeit Nathans des Weisen wiedererkannte und nicht in den Märtyrern ihrer Nation, nicht in den geschundenen, auf die Prophetie vom Sinai eingeschworenen Vätern und schon gar nicht im Wucherer Shylock, der in seiner Entsetzlichkeit, dem Ineins von Komik und tragischer Größe, im Zeitalter der Toleranz ins Gesittet-Humane, so glaubte man, umfunktioniert worden sei –

eben in Nathan, den Weisen, der mit dem *wirklichen*, gerade erst aus dem Ghetto-Elend entlassenen Juden so wenig zu tun zu haben schien wie die Bilderrede des Pentateuch mit Mendelssohns deutscher Bibel.

Nathan, ein Jude ohne Volk im Traumreich der Humanität – stimmt das wirklich? Nathan – ein edler Hoffaktor? Eine Art Jud Süß, der seine Sexualität über der Lessing-Lektüre vergißt? Nathan – ein emanzipierter Bürger jüdischer Religiosität, mit dem, als einem kultivierten Einzelnen, sich – bei Verachtung des jüdischen Volks – so ungeniert Umgang pflegen läßt wie mit einem Wagnerschen Hermann Levi oder einem Fontaneschen Amtsrichter Friedländer? Nathan: das gute Gewissen der offenen und versteckten Antisemiten und zugleich, für die Juden, das ebenso verführerische wie gefährliche Bild eines Assimilierten?

»Wir sollten verzichten« – hat ein bedeutender Jude unserer Tage, der verehrungswürdige Ernst Simon in Israel unter dem Eindruck des Holocaust geschrieben – »wir sollten verzichten auf Nathans blasse Judenschemen, die es im 18. Jahrhundert noch nicht gegeben hat, wohl aber im 19., als seine Maxime ›So ganz Stockjude sein zu wollen, geht schon nicht, und ganz und gar nicht Jude geht noch weniger‹ besonders in seinem ersten Teil zu einem Leitsatz der jüdischen Geschichte Europas wurde. Denn dies ist der Schlüssel zu Nathans historischer Stellung: er hat keine adaequate Zukunft und Gegenwart gestaltet, aber eine ihn nachahmende Zukunft mitbewirkt. Kein lebendiger Jude hat den Nathan, und sei es auch nur als Modell, mitgezeugt: aber Nathan hat in Verbindung mit der sozialen, politischen und geistigen Entwicklung Hunderttausende von Scheinjuden nach

seinem Ebenbilde gemacht. Wir aber, die wir Lessings tapfere Humanität gerade in unserer jungen Nationalbewegung brauchen können, wir wenden uns dennoch von seinem blassen und blutlosen Judenbild ab und hören lieber mit Heinrich Heine in der Nacht des Jom Kippur Shylocks Stöhnen und Rufen: ›Jessica, mein Kind‹.«
Nathan-Utopie eines Weltbürgers jüdischen Glaubens und kein im Hier und Heute, der Soziallandschaft des 18. Jahrhunderts, angesiedelter Israelit? Nein, Ernst Simon irrt: In Wahrheit ist der Lessingsche Nathan keineswegs ein Schattenbild aus dem Lehrbuch der Philanthropie, keine erklügelte Märchenfigur und kein gesellschaftsferner homo humanus, sondern Jud aus Fleisch und Blut: ein Kaufmann (wie Mendelssohn), der Zinsen eintreibt und nüchterne Handlung höher als die hehre Schwärmerei einschätzt – nicht zu seinem Nachteil übrigens: Ganz so weit entfernt von Shylock sind wir denn doch nicht bei diesem Reichen, dem seine Säckel schließlich nicht nur die Barmherzigkeit gefüllt haben dürfte, wohl aber jene *handfeste Rechtschaffenheit*, die er mit seinem alter ego Moses Mendelssohn teilt – er, dessen sehr konkretes Judesein in keinem Augenblick vergessen wird: aus christlicher Sicht (»der reiche Jude war mir nie der bessre Jude«) so wenig wie aus der Perspektive des Muselmanen: »Er bleibt ein Jude, der so ganz und gar nur Jude scheinen will.«
»Ausbund von Jude«, »jüdischer Wolf«, »doch zeichnet er im Schlechten sich nicht minder als im Guten vor allen andern Juden aus«: Nein, ein blutleeres Schema ist er gewiß nicht, dieser Israelit, der gezwungen ist, sich zu tarnen, weil, den Zeitläufen entsprechend, Wahrheit nur in der Rätselsprache des Märchens erzählt werden kann:

erzählt von einem Mann, dem das Stockjudesein immer noch besser als das Leugnen allen Judentums erscheint.

In der Tat, Lessing hat kein Stück geschrieben, das von der sozialen Wirklichkeit der deutschen Judenheit abstrahiert: Wäre Nathan tatsächlich eine Schatten-Figur – es hätte gewiß nicht so viele Kritiker gegeben, die sich über diesen Kaufmannsjuden so sehr empörten, Immanuel Kant allen voran. (»Kant«, schrieb Hamann 1779 an Herder, ». . . kann (nun einmal) keinen Helden aus diesem Volk leiden. So streng ist unsere Philosophie in ihren Vorurteilen.«)

Nathan der Weise: Das ist ein Mensch, der als die große erkennbare Ausnahme – reich, klug, demütig, witzig: eine Mischung aus Hofjude und Baruch Spinoza – das Außenseiter-Dasein seines Volkes um so sichtbarer macht – das Elend einer Minorität, die stellvertretend für die Unterdrückung *aller* Minderheiten steht: »Ein Glück für uns (Juden)«, so Moses Mendelssohn, »wenn man auf die Rechte der Menschheit nicht dringen kann, ohne zugleich die unsrigen zu reklamieren.«

Hier Mendelssohn, mit der Identifikation von Emanzipation der Judenheit und Emanzipation der Vernunft, und dort Lessing mit seiner vom frühen Lustspiel ›Die Juden‹ bis zum ›Nathan‹ unablässig wiederholten These, daß es die am Beispiel der diskriminierten Israeliten widerlegten *Vorurteile* seien, die die Vernunft hinderten, in ihre angestammten Rechte zu treten: Kein Zweifel, da wurde vor zweihundert Jahren, in Berlin und Wolfenbüttel, ein deutsch-deutsches Gespräch – und nicht etwa ein deutsch-jüdisches! – eingeleitet, das, wäre es fortgesetzt worden, gewiß nie zu einer *Symbiose*, wohl aber –

zumindest in der Literatur – zu einer *Partnerschaft* geführt hätte, wie sie im Dialog zwischen Mendelssohn und Lessing Wirklichkeit wurde, von einer Überzeugungskraft, die die Juden glauben ließ, das einmal Begonnene werde, wo es schon keine Fortsetzung fand, sich eines Tages doch wiederholen.

Nun, die Juden in Deutschland täuschten sich – und hatten doch keine andere Wahl: Nicht im Kaftan, sondern nur auf dem Weg einer Annäherung an die fortschrittliche Intelligenz aus dem Kreis des liberalen deutschen Bürgertums war Emanzipation zu gewinnen – nur durch Assimilation, will heißen: durch Übereinkunft auf der Basis der Vernunft mit jenen Christen, die, wie es 1775 in Wielands ›Teutschem Merkur‹ hieß, einsahen, daß es die *Christen* waren, die die Unglücklichen gedrückt und sich von ihrem Fett genährt hatten: »Seid Menschen! Laßt sie uns aufnehmen als Brüder. Tut an ihnen, was ihr wollet, daß man euch täte.«

Nein, es gab für sie keinen anderen Weg als den von ihnen eingeschlagenen: Es war nicht ihre, sondern der Dialogverweigerer auf der anderen Seite Schuld, daß der Assimilationsprozeß zunächst zur Aufgabe jüdischer Identität und, kaum war diese vollzogen, zur Aufgabe der Existenz führte; es war nicht Konsequenz, sondern Paradoxie – und zwar eine geschichtlich begründbare und zu verantwortende, und nicht irgendein »tragisches« Fatum –, daß der im Nathan beschriebene Holocaust (»alle Juden ... insgesamt verbrennen müssen«) Wirklichkeit wurde und die von Mendelssohn – 28. Juli 1780 – auf den Begriff gebrachte Situation eines deutschen Juden zwiefach, im Kaiserreich und im Nationalsozialismus, potenziert werden sollte: »Ich ergehe mich des Abends zuweilen mit meiner Frau und den Kindern. ›Papa‹, fragt eins, ›was ruft uns jener Bursche dort nach? Warum werfen sie mit Steinen hinter uns her? Was haben wir ihnen getan?‹ ›Ja, liebster Papa‹, spricht ein anderes, ›sie verfolgen uns immer in den Straßen und schimpfen Juden! Juden! Ist denn dieses so ein Schimpf bei den Leuten, ein Jude zu sein? Ach, ich schlage die Augen nieder und seufze mit mir selbst: Menschen! Menschen, wohin habt ihr es kommen lassen.‹«

Worte eines deutschen Juden, formuliert in der Form einer Klage, die den Charakter einer Bitte hatte, aus der sich später, mit fortschreitender Assimilation, ein Angebot ergab. Aber beides, Bitte und Angebot, wurden nicht akzeptiert; Lessings Traum sah sich ins Gegenteil verkehrt: der Traum von einem Land Utopia, dessen Konturen er in seinem letzten Brief beschrieb – einem jener beiläufig gehaltenen Manifeste, wie er sie zu formulieren liebte und worin er Mendelssohn seinen jüdischen Hausfreund – Daveson hieß er –, dem die Zeitläufe übel mitgespielt hatten, herzlich anempfahl: »Er will von ihnen nichts, lieber Moses, als daß sie ihm den kürzesten und sichersten Weg nach dem europäischen Land vorschlagen, wo es weder Christen noch Juden gibt. Ich verliere ihn ungern, aber sobald er glücklich da angelangt ist, bin ich der erste, der ihm folgt.«

Geschrieben am 18. Oktober 1780 – genau hundert Jahre, bevor Adolf Stoecker im deutschen Reichstag Nathan zum Christen erklärte: zu einer Zeit, als sich unter gebildeten deutschen Juden der Brauch eingebürgert hatte, ihren Söhnen, zum Zeichen der Erinnerung, Verpflichtung und Hoffnung, einen ungewöhnlichen Zusatz-Vornamen zu geben: Lessing.

Den Namen eines Mannes, dessen Lebenswerk, wie Auschwitz zeigt, von seiner Nation so wenig angenommen worden ist wie die Bitte der Judenheit, der Aufklärung in Deutschland eine Heimstatt zu geben.

# Ein Mann von Witz

## Zwei Interpretationen

### 1
### *Die Sinngedichte an den Leser*

Wer wird nicht einen *Klopstock* loben?
Doch wird ihn jeder lesen? – Nein.
Wir wollen weniger erhoben,
und fleißiger gelesen sein.

Lessings berühmtestes Epigramm – immer zuerst zitiert, wenn einer den Martial-Schüler aus Kamenz ins Gespräch bringen möchte. Ein klassisches Sinngedicht nach Lessings Verstand: Wird in den ersten beiden Versen die Erwartung geweckt, so folgt in den letzten beiden der vernünftige Aufschluß in Form jener Pointe, auf die mit dem Autor auch der Leser von Anfang an hinzielen soll – durch die Kunst des Verfassers ins rechte Umfeld, aber noch nicht »auf den Punkt« gebracht.
Worum geht es in diesen vier Versen? Scheinbar, nach üblichem Verständnis, um ein Publikum, das sich aus Angst vor einer Blamage den Urteilen der Kenner anschließt, ohne selbst je die Probe aufs Exempel gemacht zu haben. Man plappert nach und hat nie gelesen. Man schwelgt ohne Kenntnis, preist auf Grund von Hörensagen. Anders, scheint Lessing zu sagen, wär's besser: weniger Ruhmrednerei und mehr Sachverstand. Lektüre statt vorschneller Benotung.
Doch wer das Epigramm in diesem Sinne versteht,

begeht eben jenen Fehler, den Lessing notiert: Er liest, wenn überhaupt, zu ungenau. In Wahrheit nämlich geht es in diesem Sinngedicht nicht um die Antithese von hoher Literatur und unverständigem Publikum, der Tee-Gesellschaft des 18. Jahrhunderts, sondern um die Gegenüberstellung von zwei Arten der Schriftstellerei. Die eine ist erhaben, pathetisch und raunend, die andere witzig und amüsant. Die eine hat ihre Bewunderer, die andere ihre Benutzer. Die eine wird vertreten durch den Homeriden Klopstock, die andere durch den kecken Martial-Imitator Lessing.

»Wir wollen gelesen sein«: Da suchen, im Kampf mit den gewaltig daherrollenden Hexametern des biblischen Epos, kleine treffsichere Distichen ihr Publikum, tritt das Kleinste gegen das Größte an, läuft zierlicher Witz der feierlichen Beschwörung den Rang ab. Der junge Lessing fordert den gepriesenen, aber wenig gelesenen Meister heraus – nicht direkt natürlich, dafür schätzte er Klopstock zu hoch, wohl aber in verschlüsselter Rede – mit einem Hinweis auf Martial.

Der nämlich, Vorbild des sächsischen Nach- und Besser-Machers, hatte im 49. Gedicht seines vierten Epigrammbuchs die allzu schnell als verspielt und unterhaltsam abgetanen Sinngedichte gegen den Anspruch der mythenträchtigen Epen verteidigt (*sie* und nicht die Epigramme seien in der Gefahr der Tändelei), hatte die leichtfüßige Rede der bombastischen Sprache von kothurnbeschuhten Epigonen gegenübergestellt und das Grazile für höherwertig als das Geschwollene erklärt. Darauf der Einwand eines imaginären Widersachers: »Aber jene Epen werden von allen gelobt, bewundert und angebetet.« Und nach dieser Replik das zermalmende Fazit des witzigen Meisters der publikumsfreundlichen Kleinform: »Gut, das gebe ich zu: Jene werden *gelobt*. Doch die hier, die Epigramme, werden *gelesen*.«

O listiger Lessing. Im Schatten des großen Martial, der den Homeriden die Leviten liest, setzt er sich von Klopstock ab, dem Vielbewunderten. Er, Lessing, zielt nicht auf Olymp und Parnaß, sondern auf sächsische Frauenzimmer und Berliner Zeitungsleser ab und wählt deshalb eine poetische Darbietungsform, die verständlich ist und obendrein, das Sentenziöse mit dem Unterhaltsamen, auch gelegentlich Schlüpfrigen mischend, Spaß und Gelächter verspricht. Die Götter bleiben außen vor, während Salon-Probleme, Gesellschaftsaffären und, dies vor allem, Fragen des Geschlechtsverkehrs in den Vordergrund rücken.

Mag man bei Klopstock feierlich gähnen, bei mir, läßt Lessing, in geheimem Verweis auf zwei Martial-Verse, seine Epigramme sagen – bei mir, Leser, kommt ihr auf eure Kosten. Und das Lob schenke ich euch. Und den großen Klopstock dazu.

## 2
## *Nix Bodenstrom*

Nix Bodenstrom, ein Schiffer, nahm –
War es in Hamburg oder Amsterdam,
Daran ist wenig oder nichts gelegen –
Ein junges Weib.
»Das ist auch sehr verwegen,
Freund!« sprach ein Kaufherr, den zum Hochzeitsschmause
Der Schiffer bat. »Du bist so lang' und oft von Hause;
Dein Weibchen bleibt indes allein:
Und dennoch – willst du mit Gewalt denn Hahnrei sein?
Indes, daß du zur See dein Leben wagst,
Indes, daß du in Surinam, am Amazonenflusse,
Dich bei den Hottentotten, Kannibalen plagst:
Indes wird sie – –«
»Mit Eurem schönen Schlusse!«
Versetzte Nix. »Indes, indes! Ei nun!
Das nämliche kann Euer Weibchen tun –
Denn, Herr, was braucht's dazu für Zeit? –
Indes Ihr auf der Börse seid.«

Eine Gelegenheitsarbeit für den Tag und die Stunde. »Reimerei« nannte der Verfasser dergleichen, »Nichtswürdigkeit«. Lessing irrte sich. Sein Gedicht ist vorzüglich – *wie* sehr, das zeigt ein Vergleich mit der Vorlage unserer Vers-Parabel.
Im einundsiebzigsten Schwank seiner ›Facetien‹ erzählt der ebenso derbe wie geistreiche Humanist Heinrich Bebel (aus dem Schwäbischen stammend: erster Inhaber der Tübinger Professur für Poesie und Rhetorik) die

Geschichte eines Kaufmanns, der sich von einem Edelmann verspottet sieht: Ob er denn nicht wisse, der Herr Unternehmer, auf was er sich einlasse bei seinem Geschäft? Immerzu in der Welt, und die Eheliebste derweil, umgeben von einer Menge schöner junger Gesellen, mitten in der Stadt! Da hätten es die Herren Ritter doch besser: Deren Weiber lebten während der Abwesenheit des Herrn und Gebieters zurückgezogen auf ihren Schlössern – und was sollte da schon passieren? Nun, der Kaufmann nahm die Herausforderung an: Kenne der Herr Baron das Sprichwort denn nicht, das da besagt: »Dem Adel, ungestalt wie er ist, folgt die Häßlichkeit auf dem Fuße. Die Kinder der Bürgersleute dagegen sind schön.« Ja, sagte der Edelmann, diese Sentenz sei ihm bekannt: sie träfe übrigens zu. Nun also, erwiderte der Kaufmann, dann müsse es wohl damit seine Richtigkeit haben, daß die Bürgerkinder so schön seien, weil ihre Mütter in Abwesenheit der Ehegatten von den prächtigsten Gesellen aufgesucht würden, während die Edelfrauen, denen in ihrer Abgeschiedenheit allein Stallburschen und Köche aufwarten könnten, nicht ohne Grund eine so häßliche Nachkommenschaft hätten.

Eine witzige und oft erzählte Geschichte, diese Parabel vom Austausch der Stände (für die Bürgersfrauen der fürstliche Mann, für die Damen bei Hofe der Knote), eine Geschichte aber auch, die erst Lessing auf den Begriff gebracht hat. Beim Lesen, wie man weiß, kamen ihm die besten Gedanken: über den Büchern und nicht in der freien Natur. Er brauchte die Vorlage, das schon Formulierte, um schreiben zu können. Nur das Gedruckte entzündete seine Phantasie; nur das Geschriebene zwang ihn zum Schreiben.

Nicht von Anfang an neu, sondern anders und besser wollte er's machen, wollte, wortwörtlich, richtig stellen, indem er alte Geschichten ins Zeitgenössische transponierte. Darum, der veränderten gesellschaftlichen Situation entsprechend, die politische Umakzentuierung in unserem Gedicht. Der Adel ist abgetreten, der Bürger hat seinen Platz eingenommen, der kleine Mann klopft an die Tür: Er, in Gestalt des Schiffers, behält das letzte Wort in der Geschichte. So wie einst, um fünfzehnhundert, der Witz des Bürgers über die Bravour des Edelmannes triumphierte, so siegt jetzt, zweihundertfünfzig Jahre später, die Intelligenz eines Fahrensmanns über die Pfiffigkeit eines Kaufherrn.

Das nenne ich mir Transpositions-Kunst, Konkretisierung, Übertragung vom Zeitlos-Allgemeinen ins höchst Spezielle! Wo der Humanist Standesvertreter gegeneinander antreten läßt, inszeniert der Aufklärer einen Disput zwischen dem vorgeprägten Typ auf der einen und dem Individuum auf der anderen Seite: zwischen »einem« Kaufherrn und Nix Bodenstrom.

Der Realist Lessing will veranschaulichen, deutlich machen und demonstrieren: Darum die Namensnennung; darum die Thomas Mannsche Bezeichnung: Nix (nicht etwa Nikolaus, das wäre noch zu allgemein) Bodenstrom; darum die Fixierung der Lokalitäten (Hamburg, Amsterdam, Surinam, Amazonas); darum die Zeitangabe (der Hochzeitsschmaus); darum der aufs Konkrete verweisende Plauderton (Lessing berichtet, wo Bebel erzählt), der *small talk* anstelle eines Lateins, das, ins Deutsche übertragen, steifleinen wirkt. Darum aber vor allem die Verschärfung der Schluß-Pointe.

Während bei Bebel der Edelmann, da es um einen höchst

allgemeinen Fall geht, der Argumentation des Bürgers zustimmen kann: ein großer Herr, der sich aufs *c'est la vie* versteht, wird der Kaufherr, in der Reimerzählung, zum Schweigen gebracht. Hier nämlich redet einer in eigener Sache: Der Schiffer Nix zunächst, der sein Weibchen verteidigt, und dann der Advokat Gotthold Ephraim Lessing, der dem rangmäßig Überlegenen – wie später dem Herrn Hauptpastor Goeze – ins Wort fällt und die erwartete Quintessenz durch eine Pointe ersetzt, in der Ideologie (»es tut nicht gut, wenn Frauen lange allein sind«) am Realismus zuschanden wird: Ein Seitensprung läßt sich, wenn eine nur will, auch während eines Börsengangs des Ehegatten durchführen. Um zum Hahnrei zu werden, braucht jemand nicht zum Amazonas zu segeln. Da genügt, schließt Lessings Zeitungsgedicht, ein Spaziergang vom Harvestehuder Weg bis zum Großen Burstah.

# Textnachweise

Gotthold Ephraim Lessing. Feldzüge eines Redners. In: Walter Jens: Von deutscher Rede. München: Piper, 1969. S. 46–70.

Lessing und die Antike. In: Walter Jens: Zur Antike. München: Kindler, 1978. S. 100–118.

Der Teufel lebt nicht mehr, mein Herr! Ein Totengespräch zwischen Lessing und Heine. Arbeitsgemeinschaft der öffentlich-rechtlichen Rundfunkanstalten der Bundesrepublik Deutschland (ARD). 14. Januar 1979.

Der Journalist. In: Journalisten über Journalisten. Hrsg. von Hans Jürgen Schultz. München: Kindler, 1980. S. 7–16.

Theologie und Theater. In: Walter Jens: Ort der Handlung ist Deutschland. Reden in erinnerungsfeindlicher Zeit. München: Kindler, 1981. S. 165–184.

Lessings ›Nathan‹ aus der Perspektive von Auschwitz. Vortrag an der Lessinghochschule Berlin, 10. Mai 1982, in der Karl-Marx-Universität Leipzig, 27. Mai 1982, und vor der Freien Akademie der Künste, 5. Januar 1983.

Ein Mann von Witz. Zwei Interpretationen.

1. Die Sinngedichte an den Leser. Frankfurter Allgemeine Zeitung. 22. Mai 1982.
2. Nix Bodenstrom. Frankfurter Allgemeine Zeitung. 26. März 1977.

# Biographische Notiz

Walter Jens, geboren am 8. März 1923. Besuch der Versuchsschule Breitenfelderstraße und der Gelehrtenschule des Johanneums in Hamburg. Abitur 1941.

| | |
|---|---|
| 1941–44 | Studium der klassischen Philologie und Germanistik in Hamburg und Freiburg i. Br. Akademische Lehrer: Karl Büchner, Martin Heidegger, Walther Rehm, Bruno Snell. |
| 1944 | Promotion, Universität Freiburg. (Dissertation: »Die Funktion der Stichomythie in der sophokleischen Tragödie«). |
| 1945–47 | Stipendiat am Thesaurus Linguae Graecae in Hamburg. |
| 1947–49 | Wissenschaftlicher Assistent am Seminar für klassische Philologie der Universität Tübingen. |
| 1949 | Habilitation, Universität Tübingen (»Tacitus und die Freiheit«). |
| 1949–62 | Dozent, apl. Professor in Tübingen. |
| seit 1962 | Inhaber des Lehrstuhls für klassische Philologie und allgemeine Rhetorik an der Universität Tübingen sowie, seit 1963, o. Professor und Direktor des Seminars für allgemeine Rhetorik. |
| 1968 | Lessing-Preis der Freien und Hansestadt Hamburg. |
| 1969 | Ehrendoktor der Universität Stockholm. |
| 1976–82 | Präsident des PEN-Zentrums Bundesrepublik Deutschland. (Seit 1982 Ehrenpräsident.) |
| 1981 | Berufung auf die neu geschaffene Gotthold-Ephraim-Lessing-Professur der Universität Hamburg. (1982 abgelehnt.) |
| 1982 | Heinrich-Heine-Preis der Stadt Düsseldorf. |

# Buchveröffentlichungen von Walter Jens

Nein – Die Welt der Angeklagten. Roman. Hamburg: Rowohlt, 1950. Neuaufl. München: Piper, 1968.
Der Blinde. Novelle. Hamburg: Rowohlt, 1951.
Vergessene Gesichter. Roman. Hamburg: Rowohlt, 1952.
Der Mann, der nicht alt werden wollte. Roman. Hamburg: Rowohlt, 1955.
Die Stichomythie in der frühen griechischen Tragödie. München: Beck, 1955.
Hofmannsthal und die Griechen. Tübingen: Niemeyer, 1955.
Das Testament des Odysseus. Erzählung. Pfullingen: Neske, 1957.
Statt einer Literaturgeschichte. Essays. Pfullingen: Neske, 1957. $^{7}$1980.
Ilias und Odyssee. Ravensburg: Otto Maier, 1958. $^{10}$1981.
Die Götter sind sterblich. Reisebericht. Pfullingen: Neske, 1959.
Deutsche Literatur der Gegenwart. München: Piper, 1961.
Zueignungen. Essays. München: Piper, 1962.
Herr Meister. Dialog über einen Roman. München: Piper, 1963.
Von deutscher Rede. München: Piper, 1967. Erw. Ausg. 1983.
Am Anfang der Stall, am Ende der Galgen. Das Matthäus-Evangelium. Stuttgart: Kreuz-Verlag, 1972.
Fernsehen – Themen und Tabus. München: Piper, 1973.
Die Verschwörung. Der tödliche Schlag. Zwei Fernsehspiele. München: Piper, 1974.
Der Fall Judas. Stuttgart: Kreuz-Verlag, 1975.
Republikanische Reden. München: Kindler, 1976. Erw. Ausg. Frankfurt: Suhrkamp, 1979.
Eine deutsche Universität. Fünfhundert Jahre Tübinger Gelehrtenrepublik. München: Kindler, 1977.
Zur Antike. München: Kindler, 1978.
Die Orestie des Aischylos. München: Kindler, 1979.

Ort der Handlung ist Deutschland. Reden und Essays. München: Kindler, 1981.

Der Untergang. Drama nach den Troerinnen des Euripides. München: Kindler, 1982.

# Inhalt